湖南高职学校
专业发展报告 2024
（电子商务专业）

湖南省高职专业认证委员会秘书处◎著

Program Development Report in Hunan Higher Vocational Colleges
（E-Commerce,2024）

经济管理出版社
ECONOMY & MANAGEMENT PUBLISHING HOUSE

图书在版编目（CIP）数据

湖南高职学校专业发展报告. 2024. 电子商务专业 / 湖南省高职专业认证委员会秘书处著. -- 北京 : 经济管理出版社，2025. 8. -- ISBN 978-7-5243-0320-6

Ⅰ. G718.5；F713.36

中国国家版本馆 CIP 数据核字第 2025W36P73 号

组稿编辑：郭丽娟
责任编辑：魏晨红
责任印制：张莉琼
责任校对：王淑卿

出版发行：经济管理出版社
（北京市海淀区北蜂窝 8 号中雅大厦 A 座 11 层　100038）
网　　址：www. E-mp. com. cn
电　　话：（010）51915602
印　　刷：北京飞帆印刷有限公司
经　　销：新华书店
开　　本：720mm×1000mm/16
印　　张：12.5
字　　数：217 千字
版　　次：2025 年 9 月第 1 版　　2025 年 9 月第 1 次印刷
书　　号：ISBN 978-7-5243-0320-6
定　　价：88.00 元

前　言

职业教育作为国民教育体系与人力资源开发战略的重要支柱，肩负着培养高素质技术技能人才、服务产业转型升级、支撑区域经济高质量发展的时代使命。当前，我国职业教育正从规模扩张转向内涵式发展，其中专业建设作为高职学校发展的核心载体，其质量水平直接关系到人才培养的成效与职业教育的竞争力。特别是在深化教育评价改革的当下，高职专业认证作为提升职业教育质量、促进产教深度融合的关键举措，其价值与意义日益凸显。

高职专业认证作为一种科学、严谨且行之有效的质量保障机制，通过对人才培养及其所关联的专业建设实施全方位、多层次的评估及持续改进，确保其与技能型社会发展需求乃至国民经济产业紧密契合。这一认证机制不仅是提升职业教育社会认可度的关键手段，更是推动职业教育迈向高质量发展的核心驱动力。借助专业认证，高职学校能够精准锚定专业建设方向、系统优化课程体系、大力加强师资队伍建设，以及显著提升教学设施水平，为社会源源不断输送契合市场需求的高素质技能人才，为区域经济的可持续发展筑牢坚实的人才根基。

作为职业教育改革重镇，湖南始终以服务国家战略和4×4现代化产业体系建设为导向，在专业认证领域持续探索并形成了独具特色的省域经验。2022年，湖南省教育厅决定成立国内首个省域高职专业认证委员会，并将秘书处设在湖南农业大学教育学院，对全省高职学校专业建设开展专业认证。这一实践起步于对域外专业认证体系的经验借鉴，达成了“探索开展高等职业院校分级分类专业认证，由省建立专业认证标准，学校贯标并自愿申报认证专业，第三方机构进行认证”的基本共识，逐步形成了“学生中心—产出导向—持续推进—对标争优”的认证理念，构建了统一、权威且具有公信力的湖湘特色高职专业认证体系。在认证体系探索中，一方面通过高职专业认证对标国际先进教育理念，厘清人才培养方向，从而提升专业建设能力水平；另一方面以认证结果反馈专业建设过程，对标师资队伍、教学实施、质量保障和学生发展等指标，从而整体推进湖南高职学校专业建设的高质量发展。

随后，湖南省高职专业认证试点工作于 2023 年启动，并将电子商务专业作为首轮认证试点专业，共有 27 所高职学校提交了电子商务专业的认证申请并提供了佐证数据。根据《湖南省高职专业认证标准（试行）》，湖南省高职学校专业认证委员会遴选电子商务领域专家组，从培养方案、校企合作、师资队伍、支持条件、质量保障、学生发展 6 个一级指标，以及课程资源、合作机制、师资结构、教学经费、内部监控与培养质量等 16 个二级指标进行评价观测。在数据赋分的基础上，对排名前 8 的高职学校进行专家现场考察，特别是对考察学校电子商务专业教师、学生与管理人员进行深度访谈，对实习实训基地、课堂教学、管理文件等进行了现场考察。考察发现，湖南省高职学校电子商务专业人才培养方案规范、课程实施运行良好、校企合作成效稳步提升、师资队伍建设成效显著、专业支撑条件总体达标、学生培养多元化发展、质量保障管理有序推进。但是，实践能力培养不足、课程教学实施质量差异不均、产教融合深度不够、师资队伍结构性矛盾突出、教学设施投入不足、评价体系不健全等仍是制约湖南省高职学校电子商务专业迈向高质量发展的主要因素。

为了进一步树典型、传经验与促发展，本书从湖南省高职学校电子商务专业中精选 12 项典型案例，全景式展现了“党建+乡村振兴+电商”特色品牌打造、“白关丝瓜”区域公用品牌赋能农业升级、“女书 IP”助力非遗活态传承及“数商消费帮扶”等电子商务专业建设服务区域经济社会发展的鲜活实践，进一步展现了职业教育与区域经济社会发展和产业兴盛之间以专业为纽带、以人才为桥梁、以服务为宗旨的共生逻辑。

为了推动湖南高职学校电子商务专业发展，基于专业认证的学理逻辑与现实依据，需要从宏观、中观、微观三个层面构建高职学校专业高质量发展体系。其中，宏观层面完善法规政策、强化质量监控、构建省域特色专业体系，中观层面深化产教融合、搭建产学研用一体化平台、建立多元评价机制，微观层面聚焦师资能力强化、课程动态调整、技能培训升级等具体路径，破除高职学校专业建设中的制度性障碍。除此之外，鉴于人工智能技术革新对专业认证的赋能效应，需要以数字技术重构认证流程，以国际化标准提升专业竞争力，以持续改进机制筑牢质量防线，为职业教育应对新兴领域挑战提供前瞻性思考。综合而言，本书坚持以“问题导向—数据支撑—案例赋能”为原则，力求兼具理论深度与实践价值，为政府决策、院校改革、行业协同提供参考，推动职业教育在新时代新征程中更好发挥“促产业、强区域、惠民生”的战略作用，为全面建设社会主义现代化新湖南注入强劲动能。

目　录

第一章　中国高职学校专业发展的历程与挑战

高等职业教育作为职业教育体系的重要组成部分，历经了萌芽期、探索期与深化期三个阶段，成为培养技术技能型人才的重要途径。作为人才培养的重要载体，高职学校专业建设从单一发展迈向了高水平专业群建设之路。当前，类型教育、内涵发展、产教融合与技术迭代对高职学校专业高质量发展提出了更高要求，能够改善专业目标定位模糊、专业结构同质化、人才培养模式固化与课程教学内容老化等问题。基于此，高职学校专业建设需要深化内涵建设，强化与产业链协同发展，已经成为职业教育强国与赋能新质生产力发展的重要课题。

一、中国高职学校专业发展历程

改革开放前，我国的高职教育基本上通过高等专科院校开展。改革开放后，我国逐步建立起一套完整的高职教育体系。具体体现在：20 世纪 80 年代高等职业院校的建立；20 世纪 90 年代示范型高职学校的评选；21 世纪初示范型高职学校的再次评选和示范型高职专业的评选，以及近年来“双高计划”的推行。这些举措不仅推动着我国高职教育发展，同时也逐步形成一套符合中国特点的高职教育专业发展模式。

（一）高职教育专业发展的萌芽期：专业建设初见雏形

改革开放以来，我国高等职业教育进入全新发展阶段。社会转型是改革开放以来社会变迁的整体特征，包括政治、经济、文化等方面的历史性变化，体制改革与制度创新成为社会转型的标志性特点。在教育领域，教育改革、教育体制创新成为适应社会转型的必然选择。1985 年，发布了《中共中央关于教育体制改革的决定》，高等职业教育被正式提及，并纳入国民教育体系。为了满足我国生产力水平的提高对人才素质要求提高的需要，原国家教育委员会在 20 世纪 90 年代加大了高等职业教育发展的力度。优先发展教育战略得到确立，职业教育的发展越来越受到国家的重视。1993 年，国务院颁布了《中国教育改革和发展纲要》，使我国职业教育办学体制与普通教育办学体制分离。20 世纪 90 年代，我国高职教育进入大发展时期。《中华人民共和国高等教育法》和《中华人民共和国职业教育法》从法律层面确定了高等职业教育的地位。由于高职学校数量及人才培养能力远不能满足经济发展需求，职业教育实施“三改一补”方针，国家鼓励各地区积极开展高职教育改革试点，现有的职业大学、高等专科学校、成人教育学校，可以通过改革已有的办学模式，调整人才培养目标来发展高职教育，在仍不能满足市场需要的情况下，允许部分重点中专通过改制或举办高等职业教育来进行补充。满足日益扩大的市场需求，促进职业教育规模增长，是这一阶段我国职业教育的发展目标。与此同时，根据社会需求特别是就业热门设置专业，根据职业院校的现有条件特别是师资条件建设专业，根据原有专业新增专业，成为这一时期专业建设的特点。

（二）高职教育专业发展的探索期：规范与提升质量

进入 21 世纪，发展职业教育被提升到国家战略高度，国务院出台了《关于大力推进职业教育改革与发展的决定》、国务院等七部委出台了《关于进一步加强职业教育工作的若干意见》等，我国高等职业教育的发展日渐趋于成熟。2000 年，教育部印发了《关于加强高职高专教育人才培养工作意见》，指出“要根据高职高专教育的培养目标，针对地区、行业经济和社会发展的需要，按照技术领域和职业岗位群的实际要求设置和调整专业。专业口径可宽可窄，宽窄并存”。专业建设中职业岗位群的概念被首次提及。2001 年，教育部在全国高职高专开展专业教学改革试点工作，直接推动了专业建设的发展。人才培养工作水平评估，以评促建、以评促改，通过对高职学校人才培养水平的评估，推动了高职学校的专业建设，使高职学校专业建设进入了整体发展阶段。2004 年，教育部制定并颁布了《普通高等学校高职高专教育专业设置管理办法（试行）》和《普通高等学校高职高专教育指导目录（试行）》，进一步规范了高职高专的专业建设。在这一时期，专业建设呈现根据行业发展建设专业、积极吸收企业参与专业建设的特点。

2006 年，教育部出台了《关于全面提高高等职业教育教学质量的若干意见》，教育部、财政部颁布了《关于实施国家示范性高等职业院校建设计划加快高等职业教育改革与发展的意见》，明确提出“支持 100 所高水平示范院校建设”，并且“中央在 100 所示范院校中，选择 500 个左右办学理念先进、产学结合紧密、特色鲜明、就业率高的专业进行重点支持。造就一批基础理论扎实、教学实践能力突出的专业带头人和教学骨干；建设一批融教学、培训、职业技能鉴定和技术研发功能于一体的实训基地或车间；合作开发一批体现工学结合特色的课程体系，形成 500 个以重点建设专业为龙头、相关专业为支撑的重点建设专业群，提高示范院校对经济社会发展的服务能力”。“专业群、工学交替、项目导向、半工半读”等新理念的提出，标志着高等职业教育专业建设进入革命性改革阶段。“专业群”的概念首次在国家级政策文件中被正式提出。

在国家示范性高职学校建设的推动下，各地教育行政部门和各高职学校对专业群建设表现出了极大的兴趣和热情。特别是各省级职教项目由原来对专业的重视和关注转为对专业群的重视和关注，重点专业群、示范性专业群、特色专业群等项目连续出现在各省（区、市）的职业教育重点项目的立项文件之中，各省（区、市）涌现出一批专业群。围绕专业群建设，职业院校积极调整专业布局，按有关要求将学校的专业整合为若干专业群，并从教学模式、管理、师资、课程、实训基地等方面开展专业群建设。可以说，随着政策的颁布，这一时期是专业群快速发展的时期，专业群的数量持续增加。

（三）高职教育专业发展的深化期：专业群建设成为专业建设的重点

2014 年，国务院颁布了《关于加快发展现代职业教育的决定》，提出“健全专业随产业发展动态调整机制”，产教融合、专业动态调整机制被明确。《现代职业教育体系建设规划（2014—2020 年）》提出，“推动区域内职业院校科学定位，使每一所职业院校集中力量办好当地经济社会需要的特色优势专业（集群）”。《教育部关于深化职业教育教学改革全面提高人才培养质量的若干意见》指出，“要推动教育教学与产业转型升级衔接配套”、“要紧密对接‘一带一路’、京津冀协同发展、长江经济带等国家战略，围绕各类经济带、产业带和产业集群，建设适应需求、特色鲜明、效益显著的专业群”。国务院办公厅发布的《关于深化产教融合的若干意见》提出，建立紧密对接产业链、创新链的学科专业体系。可见，职业教育专业群的发展已经不仅仅只注重数量的增加，而是更加关注与产业的协同发展，产教融合融入产业链成为专业群发展的必然趋势。此外，2017 年教育部、财政部、国家发展和改革委员会联合印发了《统筹推进世界一流大学和一流学科建设实施办法（暂行）》，虽然该办法针对的是本科院校，但对高职学校同样具有导向作用，提高专业群内涵和建设质量，打造一流专业群，将成为专业建设的趋势。

建设高质量的专业是高等职业教育提质培优的关键。2019 年，国务院出台的《国家职业教育改革实施方案》明确规定：“到 2022 年，建设 50 所高水平高等职业学校和 150 个骨干专业（群）。”同年，国家正式启动中国特色高水平高职学校和专业建设计划，强调将专业群治理作为建设高水平专业群的重要内容之一。高水平专业群不仅是人才培养的“新高地”，还是内部组织治理体系建设的“新阵地”，如何深化产教融合，发挥专业群教育资源聚集效应，不仅取决于专业群内人才培养模式的科学性与适应性，也取决于专业群内部组织治理运行的有效性与合理性。2020 年，《职业教育提质培优行动计划（2020—2023 年）》明确指出，“培育数以万计的产教融合型企业，建立覆盖主要专业领域的教师企业实践流动站，依托国有企业、大型民企建立 1000 个左右示范性流动站”。综上可见，国家非常重视职业院校教师企业实践工作，并且将专业作为学校和企业共建流动站的组织依托。

二、中国高职学校专业高质量发展面临的挑战

高质量发展是一个综合性概念，它投射到职业教育领域，涵盖了教育理念现代化、专业设置与市场需求的精准对接、课程体系与实践教学的深度融合、师资

队伍的专业成长、教学方法的创新与多样化、产教融合的深入实施、教育质量的持续监控与改进、学生全面发展的支持体系、国际化视野的拓展，以及对社会责任的承担（李新生，2023）。2024 年 9 月 15 日，中共中央、国务院发布了《关于实施就业优先战略促进高质量充分就业的意见》，提出加快发展现代职业教育，推进职普融通、产教融合、科教融汇，培养更多高素质技术技能人才。同时，加强公共实训基地、高技能人才培训基地建设，鼓励企业建设职业技能培训基地。这种发展模式强调以学生为中心，以能力培养为核心，不断更新和优化教育内容和方法，以适应技术进步和产业变革。通过构建与职业岗位能力要求相匹配的课程体系，强化实践教学，提升师资队伍的专业技能和教学能力，采用现代教学方法激发学生的创新思维，实施产教融合策略，建立健全质量监控体系，以及拓展学生的国际视野，培养具有社会责任感、创新精神和实践能力的高素质技术技能人才。

高等职业教育作为中国教育体系中独具特色的重要组成部分，自 20 世纪 80 年代起，随着短期职业大学的兴起，已逐渐发展成为培养高级技术技能人才的重要基地。它不仅属于高等教育的范畴，更是职业教育高级阶段的体现，肩负着为国家经济建设培育高素质应用型人才的使命。2021 年 10 月 12 日，中共中央办公厅、国务院办公厅印发的《关于推动现代职业教育高质量发展的意见》指出，职业教育是国民教育体系和人力资源开发的重要部分，肩负着培养多样化人才、传承技术技能、促进就业创业的重要职责。在内涵上，高等职业教育强调教育的实践性和技术性，以培养学生的实际操作能力和解决实际问题的能力为核心。高等职业教育的学制通常是 2~3 年，部分院校还会提供 5 年制教育，来招收初中毕业生，以满足不同教育背景学生的需求。

专业建设是高等职业教育高质量发展的关键。专业内涵的划分通常涉及广义、狭义和专指三个层面。从广义角度来看，专业反映了一种工作与其他工作相比的独特劳动属性；从狭义角度来看，专业涉及特定的社会职务，这要求相关人员从事较为复杂和专门的智力活动；从专指角度来看，专业是指由大学和其他高等教育机构依据社会分工需求以及学校定位设置的学业类别。在高等职业教育中，专业实际上是课程的组织形式，通过各类课程的不同组合构成多样的专业。这一理念表明，专业由各类课程设置组成，这与国际上通用的内涵相契合。调整和优化专业设置，是教育内部与社会外界相互联系的关键环节，与教育能否满足社会发展的需求有直接关系。与普通高等教育相比，高等职业教育的专业更多注重对学生职业性、技术性能力的培养，强调与劳动分工和职业岗位（群）的对应关系，注重基础性和促进就业的应用性。这种以职业需求为导向的专业设置，使高等职业教育能够快速响应市场变化，培养更加符合社会和经济发展需求的人才（牛彦飞等，2021）。

由此可见，高职学校专业高质量发展攸关人才培养质量、产教融合发展与教育强国建设，但其高质量发展还面临以下四个方面的问题。

（一）类型教育对专业目标定位提出新要求

在高等职业教育领域，专业目标被称为人才培养目标。这个目标是基于国家教育目标和高职学校的特性及使命制定的，通过一系列专业教育和技能培训过程，旨在使学生达到特定的状态和标准。专业目标在专业教育中占据极其重要的地位，主要原因在于它不仅是确保教学活动有效进行的基础，也是所有教育活动最终实现的目的。从内容构成来看，专业目标主要由培养方向和培养规格两个部分构成。培养方向是指受教育者未来在社会中将扮演的角色。如果按照职业岗位来划分，大致可以分为三类：一是工作在生产、建设、服务第一线的中高级工程师、会计师、农艺师、咨询师、高级技工、飞行技师、数控机床操作师等；二是企业管理类，主要是各类企业的中高级管理人员；三是产业经营类，主要是分布在三次产业中的秘书、导游、会计、广告设计员等。培养规格是指受教育者在科学知识、专业技能、技术操作、道德品质及身体健康等方面应达到的预定标准和规格水平。培养规格是根据企业岗位要求设计出来的培养标准，是高职学校专业培养目标的具体化。一般来说，培养规格包括知识结构、能力水平和素质结构三个方面。知识结构是指在学习主体的认知结构中，不同内容与形式的知识所积淀并形成的一种特定的层次与比例关系。具体来说，知识结构主要是指学生在现代社会中应该具备的理论知识，包括基础知识和专业知识等方面。高等职业教育领域的学者普遍认为，学生对基础知识的学习要做到“够用”，对专业知识的学习要做到“实用”。这样才能够帮助学生在毕业之后提升自身的就业竞争力，适应行业企业的岗位要求。“能力”是一种个性心理特征，技能掌握与运用的效率深受“能力”这一关键个性心理特征的影响，它保障了个体学习与工作的顺利进行。具体而言，能力涵盖四个核心维度：一是敏锐观察与问题识别的能力，它使个体能够迅速捕捉信息并识别挑战；二是知识应用与问题解析能力，即运用所学理论有效解决实际问题的能力；三是创新能力，它推动个体不断突破常规，提出新颖见解或解决方案；四是持续学习力，确保个体能紧跟时代步伐，不断充实自我。个人素质是个体在先天条件基础上，受后天环境、教育及实践经历的综合影响，逐渐形成的稳定个人特质，包括自然、心理和社会三大方面。在高职教育领域，尤为重视思想道德、文化修养及专业技能这三大核心素质的培养，以促进学生的全面发展。如高职学校的“财务会计”专业，其目标是致力于培养面向多领域（如中小企业、非营利机构等）的专业人才，学生需掌握会计、税务、财务管理等基础知识，并具备实际操作与信息技术应用能力。同时，强调职业道德的重要性，为学生未来在会计、财务、审计等领域的发展打下坚实基础。简而言之，培养重点是专业知识、实操技能、信息技术及职业道德的全面发展（张静，2017）。

长期以来，义务教育后的分流机制导致职业教育发展受限，毕业生在职场常遇不公。将职业教育视为一种类型教育，是提升职教地位、拓宽就业渠道的重要策略。新政策调整“分流”为“协调”，旨在平衡教育资源，并非削弱职业教育，而是为其赋予新定位，提高社会认同。在就业压力下，职业教育因其实践与技术优势，正迎来新的发展机遇（林艳，2024）。专业目标定位的差异性是判断不同教育类型的重要依据。高职学校设定的专业目标不仅体现了对受教育者的基本期望，也是区分其他教育类型的决定性因素。当前，已出台的高职教育政策中，对其定位内涵尚缺乏清晰界定，包括人才培养的具体目标、规格以及专业课程标准的设定也未详尽规定。这种情况可能会制约高职教育未来的长远发展（马燕，2015）。

类型教育促使专业目标定位面临新挑战，主要体现在认知层面上对学术与职业间的内在联系理解不深。研究表明，试点学校对高职教育本质把握不准，未就如何彰显职教特色及融合学术与职场能力达成共识。此外，人才培养方案设计时，目标定位模糊，不同学校对同一专业的培养方向阐述各异，有的精准具体，有的则宽泛笼统，教学侧重点也存有差异，有的偏向理论传授，有的则侧重实践操作（杨燕和徐宏伟，2021），且无法体现出普通本科教育与高职专科教育的定位差异。

在制度层面，主要挑战在于需求与供给的不匹配。高等职业教育体系构建及其与其他教育体系的衔接尚不完善，特别是专业人才培养标准缺失显著。尽管教育部已公布高等教育专业目录概览，但课程、实习实训、学位授予等具体标准尚未确立，教学评估体系亦趋近普通本科，未能凸显高职特色（孙凤敏等，2022）。此外，“职教高考”制度尚处探索期，中职至职业本科一体化培养的路径不畅，且在“学分银行”机制下，职业本科与应用型本科间的衔接机制尚未有效建立。

同时，目前的制度安排还存在不足之处。在探讨教育部职业院校专业人才培养计划的制订与实施过程中有一个关键现象：尽管教育部致力于在中职、高职专科和本科层次职业教育的人才培养方案框架上保持一致性，但在本科层次职业教育专业设置的具体要求上，其明确性尚显不足。这一现象直接影响了本科层次职业教育专业学位授予在学术属性上的独特展现。

在实际操作层面，高等职业教育、普通本科教育及本科层次职业教育在人才培养目标与规格上的界限模糊，且其培养计划趋同，缺乏鲜明的特色区分。在部分高等教育机构的转型与升级过程中存在以下两类显著的现象：第一，一些由独立学院独立转设的学校，在人才培养模式的构建上倾向于直接模仿普通本科院校的模式，而非根据自身特点和定位进行创新性设计。这种“套用”现象可能导致人才培养目标与学校实际资源及市场需求不匹配。另外，部分由高职学校改制升格的学校，在转型过程中可能由于办学惯性，仍沿用原有的高职专科教育思路。尽管名义上已提升至本科层次，但专业人才培养方案的制订却未能充分反映本科职业教育的特色与要求，导致试点目标难以实现。此外，为了迅速实现层次跨越，部分学校可能过于追求与普通本科院校接轨，忽视了自身原有的职业教育优势，造成专业课程建设的理论化倾向过重，与区域经济产业链中实际职业标准的对接不够紧密，出现了“学术漂移”现象，即偏离了职业教育实践导向的初衷。第二，多数应用型本科高校在转型过程中面临不彻底问题。这些高校往往继续沿用传统本科的人才培养模式，过分强调理论知识传授，而忽视了技术实践、工程实践等对学生未来职业发展至关重要的能力培养。这种转型的不彻底限制了高校在培养高素质技术技能人才方面的潜力，难以满足社会对高层次应用型人才的需求。此外，由于合并转设的职业本科院校在原有的办学基础和层次上存在差异，导致人才培养目标的不明确和培养定位的混乱（崔淑琪和姚聪莉，2023）。

（二）内涵发展对专业建设质量提出新要求

作为一种战略导向，高等职业教育的内涵式发展是在外部扩张（外延式发展）达到一定阶段后自然转向的一种深化路径。它强调在保持规模适度增长的同时，更加注重质量的提升与内部结构的优化，实现数量增长与质量提升的双重并进。这种发展模式在不同的时代和环境下具有不同的内涵。从人才培养的角度来看，20 世纪 50 年代，职业教育的主要目标是培养生产线上的技术工人；90 年代末，目标转变为培养理论与实践相结合的生产、建设、管理、服务及农村急需的专业人才；21 世纪初，随着我国产业结构的转型升级，职业教育承担起了培养具备多样化技术和技能人才的重要任务；2019 年启动的“双高计划”以培养高质量、高素质技术技能人才为目标。从政策变迁的视角可以看出，高等职业教育经历了地位确立、规模扩张、内涵发展到目前的做优做强四个阶段（陈友力，2018）。在不同的发展阶段，内涵式发展的概念与实施方式会有所不同，在不同的语境中，高等职业教育内涵式发展的核心意义涵盖了定位、扩展、效益，并最终聚焦于质量的提升。其本质在于致力于教育质量的优化，旨在培养出高素质的人才。在“双高计划”的视角下，高等职业教育内涵式发展强调的是深化内涵建设，推动高质量发展，旨在打造具有中国特色、世界领先水平的高等职业教育体系，培养出能够推动经济社会发展、具备国家竞争力的高素质技术技能人才（胡英芹，2020）。

内涵式发展被视为职业教育高质量发展的核心特征。高质量发展不仅要求数量的增长，更强调质的飞跃。教育部数据显示，2021 年，中等职业教育在校学生人数达到 1311 万，约占高中教育学生总数的一半，而普通高中学生人数为 2605 万；在高等职业教育领域，学生人数为 1603 万，与普通本科教育的 1893 万学生人数相近，但职业本科院校仅有 32 所，学生人数仅为 13 万。尽管职业教育与普通教育在最终目的上都是为学生的职业生涯做准备，但两者在培养方向上有所不同（王福建和王阳，2023）。职业教育更注重满足具体工作岗位的实践需求，而普通教育则侧重于学科知识的系统传授。这种差异导致了两者在培养方式上的显著差异，并凸显了职业教育在构建教育连续性方面的重要性。然而，当前职业院校的数量和招生规模却限制了这种连续性的实现。具体而言，普通高中毕业生在进入高等职业教育时，常因缺乏相应的职业教育基础而难以达到人才培养的标准；同时，由于职业本科院校数量有限，许多专科职业院校的学生选择升入普通本科院校，但由于教育内容和方向的不匹配，他们在适应过程中面临困难，职业技能的发展也无法顺利衔接。因此，构建一个完善的职业教育体系显得尤为重要，不同层次的职业学校需要在数量上实现合理匹配。

“双高计划”提出高等职业院校要打造高水平专业群，并不断健全对接产业的专业群建设发展机制，持续发挥专业群的“集聚效应”。专业建设不仅是高等职业学校高质量发展的内在要求，还是“双高计划”建设的重点内容。它的建设成效关系到“双高计划”能否实现。在当前国家对高等职业院校内涵式发展的要求下，高职学校要大力推动、持续推进自身特色高水平专业建设，以提升人才培养质量（陈群，2018）。然而，目前大部分高等职业院校在专业发展上存在同一困境——缺少创新，这主要体现在高职专业发展的“内卷化”和“同质化”（许敏，2018）。中国经济的不断腾飞与持续发展，产业转型升级速度日益加快，都对高等职业院校的人才培养质量提出了新的要求。同时专业结构直接影响人才培养质量与规格，人才培养质量想要提升，合理的专业结构必不可少。然而，当前高等职业院校的专业发展往往偏向于学生喜爱型的“供给”导向，而在一定程度上忽视了市场指向的“需求”导向，导致专业供需不匹配，人才培养规格无法对接市场需求。此外，为了在生源竞争中获得显著优势，还有部分高等职业院校甚至盲目设置“热门”通用型专业，长此以往，本就资源有限的高等职业院校被迫将部分教育资源分流到热门专业建设之中，这就导致这部分高等职业院校既不能保证新“通用”专业的办学质量，还会进一步削弱学校原有的优势学科，影响教学质量的提升，在自我消耗中错失优势专业的发展机遇。此外，随着时间的推移，专业建设的“同质化”问题日益突出，这主要体现在目前高职专业设置过于强调“招生论”和“规模论”的思维（陈诗慧和张连绪，2017），导致高职学校在专业建设时过分关注投入产出比，纷纷开设建设快、成本低的通用型专业，而与战略性新兴产业相关的生产技术类专业较少，造成资源低水平配置、专业重复建设，并陷入同质化竞争。

从推动高质量发展的角度出发，首先，职业教育应当坚守其特色，注重实现协同治理、打造特色鲜明且以贡献为引领的内涵式发展路径。这要求职业教育必须着手构建现代化的治理体系，即要打破政府单一主导的行政管理模式，推动形成政府、行业、企业及社会组织等多方共同参与的多元化、立体式治理网络（李新生，2023）。其次，职业教育是紧密围绕产业一线实际需求，专注于岗位能力培养的教育类型，其内涵式发展必然要求人才培养具有独特的鲜明特色。因此，职业院校应当与地方产业的独特需求紧密对接，不断深化人才培养的内涵，提升教育质量，致力于打造具有鲜明特色的教育品牌，从而增强办学实力，实现高品质的人才培养。进一步来说，评估职业教育的高质量发展还需从其对社会和产业的实际贡献出发，这具体包括：职业教育在培育人才的过程中是否全面促进了学生的成长，职业教育的高质量发展，其衡量标准包括能否为地方提供至关重要的技术创新与培训服务，能否在地方职业文化的传承与创新中扮演积极角色，以及能否推动教育的国际化进程与促进国际交流合作。简而言之，职业教育体现在人才培养的深度持续加强、技术服务的有效且充足供给、文化传承的积极推动，以及国际交流合作的广泛且深入拓展等方面的全面提升（胡颖梅，2023）。

（三）产教融合对人才培养模式提出新要求

近年来，产教融合已成为我国高职学校人才培养的重要模式并得到了广泛应用。为此，国家发展和改革委员会、教育部、人力资源社会保障部等八部门联合发布了《职业教育产教融合赋能提升行动实施方案（2023—2025 年）》，旨在推动高职学校与企业开展更为深入的合作，将产业实际需求融入人才培养流程，为学生提供更加贴近行业实践的教育培训，从而更有效地满足社会对技术技能人才的需求（谢超等，2023）。在这一政策导向下，高职学校的人才培养模式正迎来新的探索阶段和一系列挑战。

产教融合模式的核心在于将职业教育的培训体系与企业的生产和发展需求进行深度融合，旨在提升教育质量，并确保培养出的学生能够满足企业对高素质技术技能人才的具体要求。作为高等职业教育的一种特色办学模式，产教融合的目标指向培育高素质的技术技能型人才（涂小丽，2023）。为了实现这一培养目标，高等职业学校开展校企合作，实现产业与教育的深度融合，强化在学校教育、人才培养与对接产业、专业发展的有机结合。这不仅有助于高等职业院校与市场需求、新兴产业的有效对接与紧密衔接，还能进一步提升人才培养质量、改善人才培养状况、满足人才市场需求，构建出“校企双赢型”互利局面。事实上，产教融合的核心是实现校企的优势互换，推动校企的资源整合，从而实现人才培养规格与市场需求、社会需要的有效衔接。在这种情况下，能实现多重优势联动：一是人才培养方向对标市场发展需求，提升学生的技术技能水平，并直接推动提升学生的就业竞争力；二是通过人才培养规格对标产业转型方向，加强学生的动手操作能力和创新能力。值得一提的是，产教融合的三大特点也能进一步满足高等职业院校培养高素质技术技能型人才的需要，这三大特点是：校企紧密协作，互用双方资源；参与实际项目，提升学生能力；关注学生就业，将就业市场需求纳入课程设计和实训过程中。

产教融合是校企合作、协同育人的教育模式。可以说，产教融合在高等职业院校中发挥着至关重要的作用，一方面能通过校企的紧密合作来帮助学校探求和明晰企业的用人需求，另一方面能通过校企协同育人来推动人才培养体系的完善（万兵，2019）。总之，实施产教融合的育人模式，学校可以及时了解企业的用人需求和产业的用人导向，并以此为基础来调整课程内容，调整人才培养方向，帮助学生在校期间获得与企业需求相匹配的技能和知识。同时，对于企业而言，校企合作探索关键技术研发与突破，可以强化企业的技术创新能力，提升企业的综合竞争力。总之，产教融合在高等职业院校培育高素质技术技能型人才中具有重要价值。

高等职业院校在履行大学“人才培养”这一职能时，往往延续着传统的“应用型人才”追求，对具体的培养目标不甚清晰，导致学生能力素质与社会市场需求脱节。面对社会背景要求与现有教育困境的冲突，高等职业院校在人才培养目标上必须进行调整与反思，这才能使学生在毕业之后适应社会需求。

产教融合模式也对高等职业院校的人才培养模式提出了新要求。随着社会的不断发展和产业的转型升级，为了培养出更多适应社会发展和市场需求的高素质技术技能型人才，高等职业院校应当不断探索实施途径，并牵头组织建立职教集团。这一行为和举措既是对产教融合模式的自觉践行，也是促使校企紧密结合、优势互补、协同育人的重要途径。从内涵上来说，职教集团是指校企合作共同体，由多所高等职业院校和企业共同组成，整合各自资源，加强产学研合作（陆璐，2023）。高等职业院校在专业设置、师资力量、课程内容等方面更具经验；相比之下，企业拥有更先进的行业技术，因此通过产教融合模式进行校企的资源整合，可以实现校企“双赢”。具体来说，一方面，高等职业院校可以利用企业的先进技术和前沿信息来调整课程内容和专业设置，使学校教育更为适应市场需求和社会发展，培养出企业和市场所需要的技术技能人才，为产业发展与转型升级提供后备力量；另一方面，通过组建职教集团，高等职业院校能与企业开展深度校企合作，探索产学研一体化项目，可以说，通过产教融合实现的校企合作不仅能够为高等职业院校提供更多资金支持，也能够促进企业技术的创新发展。同时，在产教融合背景下，高等职业院校应该不断探索校企深度合作的办学模式。一方面，企业通过为学校顶岗实习提供指导、参与制订高校教学计划等方式参与校企合作，这不仅能够帮助学生提升自身竞争力，还有助于企业深入了解学生专业水平，有针对性地进行人才培养；另一方面，学校利用企业的先进技术和实践经验，制订相应的教学计划，有针对性地培养学生的动手操作能力和创新能力。在产教融合模式下，学校和企业可以共建共享教学设施、师资力量，通过共同举办技术培训、技能竞赛、实习实训等活动，学校不仅可以为学生提供更好的教学环境、更多的企业实践机会，还能更深入地了解企业的用人需求和产业的发展趋势，以此来不断调整学校的专业设置和课程内容。值得一提的是，在产教融合背景下，高等职业院校和地方政府共同建造产业学院也是重要的办学形式之一，其目的是依据当地的产业发展的具体需要，整合校企双方的资源，以促进学校、企业、地方三方的深度合作，确保人才培养更加适应社会发展需要、更加贴近实际产业需求（李玉梅，2022）。地方产业学院作为企业、学校和地方政府的合作共建机构，可以促进产学研的深度合作。通过产教融合的办学模式，高等职业院校可以与当地企业共建实习基地、研发中心等，这不仅能实现学生做到理论与实践相结合，还能促进企业的关键技术研发与创新、科研成果转化等，从而推动产学研一体化发展。然而，事实上，由于不同地区的产业结构不同，对人才的要求也不尽相同，因此高等职业院校通过与地方政府共建产业学院，既能让高校在短时间内迅速了解地方产业的发展态势和具体需求，以此来调整专业设置和课程内容，又能促使教育为当地社会发展服务，为当地产业发展培养高质量高素质技能型人才。可以说，这种有针对性的人才培养模式既符合学生差异化和个性化的特点，又能提升学生的就业竞争力，为学生提供更多的实习、就业机会。

（四）技术迭代对课程教学内容提出新要求

在技术迭代的推动下，职业教育课程教学内容正面临着一系列新的要求，以确保教学与时代发展同步，培养出能够适应未来挑战的技术技能人才。作为我国教育改革的核心内容，职业教育课程改革一直以来都是我国提升人才培养质量的重要保障。由此可见，若想从根本上解决职业教育课程改革这一难题，必须着眼于数字化转型这一宏观层面。随着当前社会经济的迅速发展和技术迭代速度的不断加快，教育领域中数字化转型已成为一种必然趋势，智能教育也开始席卷教育领域，可以说，数字技术和信息技术的不断发展为职业教育课程改革提供了新的思考，同时也为职业教育课程改革带来了新的挑战与新的要求。在数字化转型的大背景下，要彻底解决职业教育课程改革的问题，必须从宏观的数字化转型视角出发来审视和思考课程改革，唯有如此，才能实现职业教育课程改革与数字化转型的深度融合（姜大源等，2017）。

职业教育领域课程改革的首要任务是实现课程目标，具体而言，在智能社会，职业教育的课程目标是培养学生的数字化素养和数字化创新思维。其中，数字化素养是指个体对数字世界中各种事物的感知、理解、分析、评价和应用能力。其中，“理解”意味着个体能够清晰且准确地把握数字世界中各种事物的本质与规律；“分析”是指个体能够运用数学工具和方法，对数字世界中的问题进行剖析并寻求解决方案；“评价”是指个体能够基于独立思考，对数字世界中的事物做出评判，而非盲目接受既定观点或事物；“应用”强调利用数字技术来改造和优化现实世界，以更有效地满足人们的多样化需求（王学珍等，2019）。综观传统的职业教育课程改革，主要侧重于对学生基础知识的传授和技能的培养，对学生数字化素养和数字化思维的关注相对较少。然而随着我国经济社会的迅速发展，越来越多的领域开始依赖数字化技术，这些数字化技术也在不断地赋能更多的领域，因此当前职业教育课程改革也应该顺应数字化技术的发展，结合当前经济社会的发展需要，密切关注，培养学生的数字化素养和数字化创新思维。其中，数字化素养主要包括学生的自我认知能力、自主学习能力、技术运用能力、数字化创新能力等。

在智能教育和数字化转型的大背景之下，数字技术的飞速发展促使课程内容和教学资源更为多样化和丰富，推动了课程内容的更新。因为数字技术的发展意味着数字资源的增多，数字资源的增多既是数字化课程内容的重要来源，也是推动课程改革的重要动力。在数字化转型背景下，教育的课程改革已经不局限于课程内容本身，而是将课程内容的重心转移到了利用数字化资源和数字化技术来扩充和更新课程内容。简而言之，以数字化技术和数字资源为媒介，能够不断对职业教育的课程内容进行深入加工和资源整合，让职业教育的课程内容焕发出新的生机和活力，提升其课程内容的多样性和丰富性，从而促进课程内容的持续更新和不断发展。为了提升职业教育的人才培养质量，必须充分利用数字技术的优势，将数字化资源有效地融入课程改革体系之中，从而为人才培养工作提供更多的有力支撑（冯亚丽和卢立萍，2019）。

与现有的课程实施相比，传统的课程实施主要依赖于教师的教学经验和教学认知。教师会通过自身的教学经验和认知进行教学设计，组织教学内容，以实现课程目标。然而在数字化转型背景之下，职业教育的课程实施可以借助技术和数字资源来进行。具体而言，一方面，教师可以通过借助数字化技术和数字资源来重构学习活动。因为智能技术和数字技术通过虚拟现实、混合现实等方式能够引起学生的学习注意力，提升学生的学习兴趣。另一方面，将人工智能等智能技术融入课程实施之中，能够通过对学生学习过程中学习数据的采集与分析，来判断学生的学习情况，从而调整课堂教学的内容和方式，吸引学生学习的注意力和提升学习兴趣。此外，数字化技术在教学评价中也能大展拳脚，通过在线考试系统来进行课程评价，将评价结果与学生学习情况进行综合分析，促进教育质量的提升（周建龙，2018）。

职业教育的课程内容包括学科知识、技能知识、素养知识三类。其中，学科知识是职业教育课程内容的主要构成部分，相比之下，实践知识和技能知识相对缺乏。在智能时代的背景下，随着人工智能等技术的不断发展，“互联网+教育”不仅是持续推进职业教育现代化的重要方式，还是推动职业教育持续进行课程改革的原动力。传统的课程内容中存在结构化程度不高、教学资源缺乏等问题，职业教育课程内容的改革必须借助数字化转型才能得以实现。就其内涵而言，职业教育的数字化转型是将智能技术与职业教育进行深度绑定，最大程度地利用智能技术开发教学资源，持续优化课程内容的结构。就其优势而言，职业教育的数字化转型有以下几个方面的益处：一是教师可以利用智能技术将教学内容以图片、视频等形式呈现出来，达到改进教学方法的效果；二是教师可以利用云平台等线上软件将教学内容与教学资源上传到线上平台，为学生提供自主学习空间；三是在教学评价方面，教师可以利用智能技术及时了解学生的学习情况。尽管职业教育领域的数字化转型存在会带来诸多好处，但是高等职业院校在持续推进数字化转型的过程中要重点推进这两项工作：一是创建智能化的学习环境。职业教育领域的数字化转型必须依靠技术平台和资源平台的有力支持，这就要求技术平台和资源平台为职业教育提供优质的教学资源和较强的服务保障。二是建设一体化智慧课堂。智慧课堂需要在虚拟现实技术的支持下实现师生在线交互、生生互动以及对学生的实时监控和记录等（刘义国和胡希冀，2023）。

数字化转型既是对传统教学模式的改造，也是借助信息技术实现对资源的数字化与智能化管理。其中，数字化教学资源既包括在线课程、虚拟实训等线上教育，也包括智慧教室与智能校园等智能化的教学环境，还包括智能评价和智能考试等学习工具。职业教育中智能化教学资源建设重心是实现课程体系和课程内容的转型。然而在职业教育课程体系和课程内容数字化转型的过程中，仍然存在建设不均衡、资源利用率低等突出问题。为了有效解决这些突出问题，职业教育应做到四个导向：一是以需求为导向，从国家层面进行系统的统筹规划，充实智能化教学资源；二是以应用为导向，从学校层面进行统筹规划，丰富智能化教学资源；三是以共享为导向，从教师层面进行系统的统筹规划，充裕智能化教学资源；四是以开放为导向，从企业层面进行系统的统筹规划，充实智能化教学资源。

第二章　湖南省高职专业认证的逻辑与实践

随着全球教育竞争的日益激烈，专业认证作为提升教育质量、保障教育公平的重要手段，已经成为国内外教育领域普遍关注的焦点。在国内，随着职业教育体系的不断完善和高职教育的快速发展，高职专业认证逐渐成为推动职业教育质量提升、促进教育公平的重要途径。本章旨在通过探讨国内外专业认证的成熟体系，分析高职专业认证的内涵理念与价值逻辑，并结合湖南省高职专业认证的实践，为高职教育的质量提升和可持续发展提供有益的参考。

一、国内外专业认证的成熟体系

20 世纪末以来，经济全球化进程加快，人才跨国流动越来越频繁，各地区实行实质等效的人才互认迫在眉睫，推动了各国专业认证体系的建立。中国的专业认证最初是从建筑学、土木工程专业开始逐步扩展，目前主要包括工程教育专业、师范类专业、临床医学专业。

（一）工程教育专业认证

1. 国外工程教育专业认证

工程教育专业认证起源于美国，1932 年美国高等工程教育专业认证成立，20 世纪 80 年代以来，美国等国家发起并开始构筑工程教育与工程师国际互认体系。国际上形成了三大比较公认的工程教育协议——《华盛顿协议》（Washington Accord）、《悉尼协议》与《都柏林协议》，成员国的认证机构可对工程类专业进行实质等效的专业认证，保障了工程类专业的教育质量，为国际工程人才的流动提供了互认，成为国际通行的人才质量保证办法。历经约 90 年的发展，英国、法国、俄国、日本等国家都成立了工程教育专业认证组织机构，积极开展工程教育的多边认证活动。工程教育专业认证在不同国家的实施情况和效果各有差异，但总体上都遵循了国际标准，尤其是《华盛顿协议》的核心要素。

（1）《华盛顿协议》。《华盛顿协议》是一个国际协议，旨在促进工程教育的质量和促进国际工程师认证的相互认可。华盛顿协议提出的背景主要有三个方面：工程教育的全球化亟须工程教育的标准化——全球化发展背景下，各国对工程师的需求不断增加，为了确保工程师的教育质量和专业能力，国际间需要达成一致的标准。工程教育的标准化亟须提上日程；工程师的流动亟须统一资质认证——在国际化的市场中，工程师的跨国流动日益频繁，各国工程师的资质和教育背景需要得到统一标准的认可，方便其流动与工作；工程教育机构的合作亟须教育标准的统一——为了提升教育质量，实现各个国家工程教育机构的合作，必须得先实现教育标准的统一。《华盛顿协议》的内容包括：工程学位的互认——协议规定，参与国的工程学位（通常是学士学位）在签署国之间相互认可；教育标准的统一——协议确定了一系列的教育标准，包括课程设置、教学方法、实习要求等，确保工程教育的质量和标准的一致性；定期审核和评估——为了维持协议的标准，各国需定期进行教育项目的评估和审核，确保符合华盛顿协议的要求。华盛顿协议的签订和实施促进了各国之间工程师的流动，强化了国际工程教育机构的合作，工程师的资质和教育标准得到统一，为全球经济的发展做出了卓越的贡献。

（2）《悉尼协议》。《悉尼协议》是对华盛顿协议的扩展和补充，旨在更广泛地涵盖全球的工程教育及其认证问题。《悉尼协议》于 2001 年在澳大利亚悉尼签署，最初由澳大利亚、加拿大、英国、美国等七个国家的相关机构签署。后来，其他国家也加入了这一协议。其具体内容包括：工程教育的标准——协议提出了工程教育的质量标准，包括课程内容、教学方法、实践经验等方面的要求，由此保障了工程教育的国际一致性和高质量；跨国认证——《悉尼协议》旨在促进工程学位在参与国之间相互认可，确保获得认证的工程师在其他签署国能够被认可；持续改进与评估——《悉尼协议》强调，教育机构应建立有效的评估机制，定期进行自我评估和改进，确保持续的教育质量。《悉尼协议》与《华盛顿协议》《伦敦协议》等国际工程教育认证协议相互关联，形成了一个涵盖广泛的全球工程教育认证体系。

（3）《都柏林协议》。2002 年签订的《都柏林协议》是国际工程教育认证体系中的重要组成部分，主要针对两年制工程技术人员教育学历的国际互认。其核心目标是通过实质等效原则，确保不同国家工程技术人员教育项目的质量与能力标准达到一致，从而促进工程技术人员的跨国流动和职业发展。与其他协议相比，《都柏林协议》更注重实践性和技术应用能力，适用于层次较低的工程技术员认证，与《华盛顿协议》和《悉尼协议》分别针对本科及以上学历层次的工程师和技师认证形成互补。

2. 我国工程教育专业认证

（1）我国工程教育专业认证的历史。工程教育专业认证开我国专业认证之先河。我国的工程教育专业认证始于 1992 年原建设部组织的建筑学、城市规划等 6 个专业的评估，开始探索我国工程教育认证工作。2005 年，国务院批准成立了全国工程师制度改革协调小组；我国专业认证工作逐步开展实施，积极探索建设适合我国的工程教育专业认证体系。2006 年协调小组成立了教育部全国工程教育专业认证专家委员会，初步建立了工程教育专业认证体系，2012 年筹建了中国工程教育专业认证协会，2013 年我国申请加入《华盛顿协议》并成为预备成员，2016 年 6 月 2 日，我国正式成为《华盛顿协议》的第 18 个会员国家，标志着我国本科工程教育质量达到国际认证标准，我国工程教育授予的学士学位实现了国际互认质量标准的实质等效性。截至 2022 年底，全国共有 321 所普通高等学校 2385 个专业通过了工程教育认证，涉及机械、仪器等 24 个工科专业类。从 2006 年正式起步的我国工程教育专业认证经历了多个发展阶段，包括起步、规范发展和国际互认等。

（2）我国工程教育专业认证的目的。工程教育专业认证的理念体现为以人为本，以学生为中心，关注学生的学习产出，是基于结果的教育（Outcome Based Education），近年发展为学生学习结果（Students Learning Outcome）。其具体包含以下目的：一是吸引行业的参与，增强工程教育与行业、企业的联系；二是要和注册公司制度相衔接；三是推动中国工程教育的国际流动；四是推动工程教育的教学改革。认证的最终目的是以学生为本，要用好的机制来保证实施，以学生学习结果产出及对国家、企业和社会的贡献作为认证的第一考查点。推出产业导向的教育理念、国际可比的质量标准、反向设计的课程改革，可以强化校企合作、教师的责任、持续改进的质量文化，从而推动了人才培养质量的持续提升，促进了与工程教育行业密切联系。特别需要强调的是工程教育专业认证强调以学生学习为中心，突出强调学生学习成果，通过评价所有学生学习成果的达成度来评价专业办学的有效性，并持续进行改进（高蓓蕾，2015）。

（3）我国工程教育专业认证的组织。中国的工程教育专业认证工作由专门的职业或行业协会、学会负责，由被评估专业所在学校自愿申请参与认证。专业认证的对象是经教育部批准或备案，属于认证协会认证专业领域，已有三届毕业生的，以培养工程技术人才为主要目标的工科本科专业。

（4）我国工程教育专业认证的指标体系。认证标准体系以质量保证和质量改进为基本指导思想和出发点，注重学校、专业的多样性和个性化，以学生为本，重视对学生学业成就的评价，定量与定性相结合。认证指标体系包括通用标准和专业补充标准。《工程教育认证标准（2015 版）》通用标准包括学生、培养目标、毕业要求、持续改进、课程体系、师资队伍和支持条件七大要素，涵盖了国际通行的十一条毕业生能力要求，符合华盛顿协议要求的结果导向性特点；重点看学生产出成就，课程体系、师资等都是保证和支撑学生产出的。专业补充标准规定了相应专业在课程体系、师资队伍和支持条件方面的特殊要求，并不是单独的指标。认证的内容是专业培养的全部学生的学习成果（不是部分“代表性成果”）。并且每年都会根据最新的国际发展趋势和国内实际情况对认证工作进行修订和完善。

（5）我国工程教育专业认证的结论。结论分为三种：一是通过认证，有效期 3 年；二是通过认证，有效期 6 年；三是不通过认证。对 7 个标准项的评价结果包括 P（通过）、P/W（通过，但有弱项）、P/C（通过，但有关注项），三者只在认证工作上作区分，均为通过。

（6）我国工程教育专业认证的效果。认证的利益相关者包括宏观的国家层面和微观的个人层面。在国家层面，提高教学质量和人才质量，得到国际实质等效的工程教育；在学生层面，整个培养过程以人为本，体现学生本身未来的达成标准；在教师层面，明确了教师职业的根本责任及具体的培养要求；在教学管理者层面，不仅要注意管理“教”，更要注意管理“学”；在用人单位层面，参与认证、评估，进而参与培养过程与教学计划。

（7）我国工程教育专业认证工作的成效。通过专业认证，明确了工程教育专业的标准和基本要求，改善了教学条件，促进了教师队伍的建设和专业化发展，促进了科学规范的教学质量管理和监控体系的建立。通过专业认证，密切了高等工程教育与工业界的联系。工业界参与工程师培养过程中的培养方案的制订、培养过程的改进与培养成果的验收，改善了高等工程教育的产业适应性，增强了高等工程教育界为工业界提供合格工程师的功能。通过专业认证，推动了工程教育改革。借鉴 EC-2000 中提出 11 项学生核心能力指标，旨在评价学生沟通、合作、专业知识技能、终身学习的综合能力等，为课程教学和改革提供明确的导向。通过专业认证，可促进高等工程教育的国际交流，提升工程技术人员的国际竞争力。

（二）师范类专业认证

师范类专业认证是专门性教育评估认证机构依照认证标准对师范类专业人才培养质量状况实施的一种外部评价过程，作为一种专业质量的外部保障机制，旨在通过系统的评估，确保师范类专业的教育质量达到既定标准。其核心是保证师范生毕业时的知识能力素质达到标准要求，目的是推动师范类专业注重内涵建设，聚焦师范生能力培养。

1. 国外师范类专业认证

1954 年，美国成立了全美教师教育认证委员会（National Council for Accreditation of Teacher Education，NCATE），标志着教师教育认证的正式开始。这是一个针对教师教育的专业认证的全国性的认证机构。1997 年成立教师教育认证委员会（Teacher Education Accreditation Council，TEAC），异于 NCATE 的认证思想基础，两者各有自己的优势和缺陷，并招致了公众的质疑和批评。美国教师教育认证不断变化和发展，2010 年上述两大认证机构合并建成美国师资培养认证委员会（The Council for the Accreditation of Educator Preparation，CAEP），认证出现了新的转向。美国教师教育认证制度建设的经验和教训，为包括我国在内的其他国家的认证制度构建提供借鉴和参考。

美国马萨诸塞州的教师教育项目认证强调基于证据的评估方法，要求教师教育项目提供充分的数据和证据来证明其培养的教师能够满足特定的教学标准。加利福尼亚州的教师教育项目认证重视表现性评价，特别是通过加州教师表现性评价方案（Performance Assessment for California Teachers，PACT）。PACT 方案由嵌入式评价和教学事件评价两部分组成，要求教师候选人在真实的教学环境中展示其教学能力，并以此为初级教师资格认定的主要依据。PACT 方案提高了评价的真实性和预测效度。

新西兰教师教育项目认证涉及多个认证主体，包括代表师范类专业利益的新西兰教学委员会、代表大学利益的大学学术项目委员会和代表国家意志的新西兰资格管理局。这些机构互相监督、互为补充，共同保障新西兰师范类专业教育质量。新西兰有多个独立运作的教育机构负责全国的学历及质量保证，包括教育部、教育审查办公室、新西兰学历评审局以及新西兰教师协会。所有义务教育学校的教师必须先进行教师注册，认证合格后授予教师资格证，然后才能任教。新西兰制定了教师职业标准，这些标准规定了教师须备的知识技能和工作态度，成为职业晋升资格标准，并与教师的薪酬挂钩。申请者必须至少符合一定的语言标准。教师教育计划包括职业教育、课程研究和实习三个主题，这些计划帮助准教师理解教师的作用、学习教学技巧和管理学生行为。新西兰政府为教师在课余时间参加与课程相关的培训付费。

德国的师范教育体系要求教师必须达到硕士水平，并通过两次国家考试。第一次考试侧重于知识与技能的鉴定，第二次考试是在实习后对学生的经验与能力进行验证。德国的教师教育强调教学实践，师范生需要有长时间的实习和教学实践，以及完成实习作业或报告。此外，德国教师享有公务员待遇，拥有稳定的工作和社会地位。

澳大利亚的师范类专业认证体系正在向证据化、可测量化的方向发展。认证标准强调具体性、可操作性，并要求教育机构提供能够反映师范类专业质量的有效性证据。澳大利亚政府实施的战略规划中特别强调以数据为重要证据并驱动决策，以证据为基础促进师范类专业发展。

日本实行严格的教师资格证书制度，教师资格证书分为普通资格证书、特别资格证书和临时资格证书，有效期为 10 年，需要定期更新。日本通过教师资格证书的定期更新和严格的选拔培训制度，确保教师队伍的质量；教师需要不断学习和参与培训，以更新知识结构和教学方法。

2. 我国师范类专业认证

（1）我国师范类专业认证的历史。从 20 世纪末开始经历了基础储备期（2000 年以前）、试点探索期（2000～2017 年）、全面推进期（2018～2022 年）和稳定发展阶段（2023 年至今）。2014 年 12 月，教育部为规范和引导高校师范类专业建设，发布了《教育部关于开展师范类专业认证试点工作的通知》（教师司函〔2014〕98 号），开始在江苏和广西开展师范类专业认证试点。2016 年 12 月，试点工作如期完成，积累了师范类专业认证标准、师范类专业认证模式等方面的有益经验。2016 年，教育部委托高等教育教学评估中心启动师范类专业认证课题研究，广泛调研我国师范类专业数量、结构和分布状况，细化分析不同地域、不同类型师范院校人才培养方案，并进行中外比较，形成国内国际教师教育质量保障情况研究报告。2017 年 10 月 26 日，教育部颁发了《普通高等学校师范类专业认证实施办法（暂行）》，正式在全国范围内推行。

（2）我国师范类专业认证的目的。师范类专业认证的最终目的在于保障和提高师范类专业人才培养质量。具体来说，师范类专业认证分为三级监测认证：第一级定位于师范类专业办学基本要求监测，目标在于借助动态数据库监测高校师范类专业办学的基本条件和要求；第二级定位于师范类专业教学质量合格标准认证，定位于通过师范类专业教学质量合格认证构建教育质量的持续改进机制；第三级定位于师范类专业教学质量卓越标准认证，旨在通过师范类专业教学质量卓越认证，促进高校形成高质量的教师教育人才培养模式和有效的质量持续提升机制，推动我国教师教育发展达到国际先进水平。通过对师范类专业教育质量的监测，保障未来从事基础教育工作的人员能够获得与专业发展密切相关的、有质量的专业教育。认证作为资源配置、学生志愿填报和用人单位招聘等的参考依据，激励高校加强师范类专业人才培养模式改革，不断提高教师教育质量，达到以评促建的目的。

（3）我国师范类专业认证的组织。认证的主体包括政府机构、教育行业协会、专家学者等。其中，政府负责建立师范类专业认证制度、制定认证办法和标准、提供认证的规划与咨询，对认证组织的资质进行认定，统筹协调等；教育部高等教育教学评估中心负责具体的组织实施认证工作；教育行业协会等受教育行政部门委托，负责组织具体实施认证工作。第一级认证的对象是经教育部正式备案的普通高等学校师范类本科专业和经教育部审批的普通高等学校国控教育类专科专业。第二级、第三级认证实行自愿申请。有三届以上毕业生的普通高等学校师范类专业申请参加第二级认证；有六届以上毕业生并通过第二级认证的普通高等学校师范类专业，申请参加第三级认证。个别办学历史长、社会认可度高的师范类专业可直接申请参加第三级认证。第一级采取网络平台数据采集方式，对师范类专业办学基本信息进行常态化监测。第二级、第三级采取专家进校现场考查方式，对师范类专业教学质量状况进行周期性认证，认证程序包括申请与受理、专业自评、材料审核、现场考查、结论审议、结论审定、整改提高 7 个阶段（教育部，2017）。

（4）我国师范类专业认证的指标体系。中学教育专业认证标准（第一级）包括课程与教学、合作与实践、师资队伍和支持条件 4 个维度、15 个监测指标，并附有参考标准。中学教育专业认证标准（第二级）包括培养目标、毕业要求、课程与发展、合作与实践、师资队伍、支持条件、质量保障、学生发展 8 个维度、38 个监测指标。中学教育专业认证标准（第三级）包括培养目标、毕业要求、课程与教学、合作与实践、师资队伍、支持条件、质量保障、学生发展 8 个维度、42 个监测指标。

（5）我国师范类专业认证的结论。师范类专业认证的性质兼顾“监测”“合格”“评优”三个方面，实行三级监测认证，分类制定专业认证标准。第一级定位于师范类专业办学基本要求监测，为学校出具年度监测诊断报告，为教育行政主管部门提供监管依据，为社会提供质量信息服务。第二级定位于师范类专业教学质量合格标准认证，建立持续改进机制，保证师范类专业教学质量达到国家合格标准要求。第三级定位于师范类专业教学质量卓越标准认证，以赶超教师教育国际先进水平为目标，以评促强，追求卓越，打造一流质量标杆，提升教师教育的国际影响力和竞争力。认证结论分为“通过，有效期 6 年”“有条件通过，有效期 6 年”“不通过”三种。认证结论适时公布。

（6）我国师范类专业认证的效果。师范类专业认证提升了教师教育质量——通过具有鲜明师范特色的指标设定要求强化了师范专业的专业性，承认师范性本身的专业地位；促进教师教育改革——师范类专业认证是国家深化新时代教师教育改革的重要举措，可以保障和提高教师人才质量，促进高师院校内涵式发展和专业建设；持续改进教学质量——将评价结果应用于教学改进，推动师范类专业人才培养质量的持续提升，也为政策制定、资源配置、经费投入等提供服务和决策参考。认证结果不仅影响用人单位招聘和学生高考志愿填报，还促进了师范类专业的内涵建设和发展。

（7）我国师范类专业认证工作的成效。师范类专业认证工作促使高校优化教师教育结构，提升师范生的学习体验和能力培养，形成以产出为导向的质量保障体系，推动了师范教育深层次的改革，提升了整体教育质量。中国特色师范类专业认证起步稍晚，借鉴了工程教育认证的很多成功经验，对师范类毕业生提出了“一践行三学会”的要求。组织体系实现了管办评分离，发挥了省级主管部门的作用，鼓励各省级部门建立相应的评估机构。师范类专业认证提供了一个“跳出教育看教育”的平台，倒逼师范类专业转变，从学生学习的主宰者变为学生发展的促进者和合作者（周爱军，2023）。

（三）临床医学专业认证

临床医学专业认证是一种依据国家颁发的本科医学教育标准，通过学校自评和外部专家考察评审，以确定是否符合或在多大程度上达到国家标准要求的过程。

1. 国外临床医学专业认证

国际临床医学专业认证的历史。国外实行临床医学专业认证的国家或地区包括美国、加拿大、澳大利亚、日本、韩国、新西兰、俄罗斯、荷兰、墨西哥、埃及、巴西等。这些国家或地区的医学教育认证机构只有通过世界医学教育联合会（World Federation for Medical Education，WFME）的认定，其认证结论才被全球健康卫生行业所接受。WFME 于 1972 年联合创办，以保障全球医学教育质量为宗旨的非政府国际组织，在全球医学教育标准的制定和推动医学教育改革方面发挥着重大作用。

2. 我国临床医学专业认证

（1）我国临床医学专业认证的历史。我国临床医学专业认证的实施背景可以追溯到 2008 年教育部和原卫生部联合颁布的《本科医学教育标准——临床医学专业（试行）》（教高〔2008〕9 号），该标准是临床医学专业认证的主要依据。自那时起，我国逐步开展了本科临床医学教育认证工作，并成立了教育部医学教育认证专家委员会。我国临床医学专业认证的历程，大致可以分为三个阶段：认证制度引入期（2000～2007 年）、认证制度确立与发展期（2008～2017 年）和认证制度巩固与完善期（2018 年至今）（高斌等，2022）。我国自 2006 年开展医学专业认证试点工作，2008 年正式成立教育部临床医学专业认证工作委员会，2018 年，工作委员会启动机构认定申请工作，并于 2019 年 10 月接受 WFME 认定专家组的现场考察。2020 年 6 月，教育部临床医学专业认证工作委员会以“无条件通过”成绩正式获得世界医学教育联合会（WFME）医学教育认证机构认定，标志着我国医学教育标准和认证体系实现国际实质等效，医学教育认证质量得到国际认可。首轮临床医学专业认证工作在 2020 年底顺利完成，标志着我国医学教育质量和国际认可度的提升。教育部临床医学专业认证工作委员会制定了《本科临床医学专业认证指南》并结合认证实践持续修订，以指导开展本科临床医学专业认证工作，并于 2021 年 5 月由教育部临床医学专业认证工作委员会审议通过该指南。

（2）我国临床医学专业认证的目的。认证的目的在于帮助学校达到标准要求，引导医学院校不断改进与完善，对于未通过认证的学校，有针对性地进行帮扶指导。帮助学校找出教学中的弱项，从而提高教学质量。认证的目的并非院校间的争优排序，而是帮助学校实现教育培养目标，促进医学教育的可持续发展。临床医学专业认证是提升我国医学教育质量的重要手段，通过严格的评估和认证程序，确保医学教育的质量和国际竞争力。

（3）我国临床医学专业认证的组织。教育部临床医学专业认证工作委员会（以下简称“工作委员会”）在教育部教育质量评估中心的领导下，指导开展本科临床医学专业认证工作。认证过程包括学校自愿申请、自评、外部专家考察评审等多个环节，确保了认证工作的科学性和规范性。经国家正式批准开设本科（含长学制）临床医学专业的学校可以自愿提出认证申请。

（4）我国临床医学专业认证的指标体系。认证准入指标具体包括有临床医学专业毕业生、直属附属三级甲等综合性医院、医学类专业在校学生数与病床总数的比例等具体要求。这些标准和指标涵盖了教学资源、师资力量、教学管理、学生培养等多个方面，旨在全面提升临床医学专业的教育质量。

（5）我国临床医学专业认证的结论。现场考察结束时，认证专家组根据学校自评材料和现场考察情况，对学校申请认证专业教育教学是否达到《本科医学教育标准——临床医学专业》（2016 版）的要求做出认证结论建议，认证结论经工作委员会全体会议审议确定。认证结论分为通过认证和不予认证。通过认证指学校申请认证专业教育教学达到《本科医学教育标准——临床医学专业》（2016 版）的基本要求，有效期为 6 年，自审议通过之日起。不予认证：学校申请认证专业教育教学未达到《本科医学教育标准——临床医学专业》（2016 版）的基本要求。学校须依据专家组认证报告和建议进行改进，整改后方可再次提出认证申请。整改期限不少于 2 年。在学校临床医学专业不予认证的情况下，不对学校其他临床医学类专业做出结论。认证有效期内，工作委员会根据学校的专业建设情况和持续改进状态，可审议并公布延长认证有效期或终止认证有效期。通常认证期限只延长 1 次，延长 4 年。

（6）我国临床医学专业认证的效果。通过认证，学校能够对照标准考量自身在人才培养方面的优势与不足，不断完善教育教学，提高教育质量。同时，认证推动了医学教育与国际标准的接轨，提升了我国医学教育的国际化水平（教育部临床医学专业认证工作委员会，2023）。

（7）我国临床医学专业认证工作的成效。认证提高了临床医学专业人才培养质量，促进了临床医学专业内涵建设，以评促建、以评促改。临床医学专业认证推动了一流医学人才培养质量提升，推动育人能力建设和可持续发展。我国已经建立了具有中国特色与国际医学教育实质等效的医学专业认证制度。在教育理念更新、质量保障同质化、人才培养质量提升、质量保障体系建设等方面都颇有成效。

我国专业认证发展从无到有，密切行业联系，强化质量标准，强调持续改进，形成中国特色。随着高等教育的快速发展，专业认证制度逐渐完善。到 2022 年 5 月 30 日，一些高校专业的国际认证体系已经趋于成熟，实现了规范和完善的认证制度。从目标和使命看，专业认证的初衷只是服务于高等学校的质量提升。从使命来看，一是通过认证工作帮助、促进专业建立开放的专业人才培养体系，尤其是向用人单位开放，用人单位能够切实参与到人才培养上来。二是完善人才培养的标准，引领、改变专业人才培养的规格。三是建立可持续的质量改进机制（周爱军，2023）。

但专业认证也出现了一些倾向性问题，包括专业认证没有聚焦重点、认证实施碎片化、认证过程形式化和认证结果功利化。所以，需要强化认证的制度性和规范性，建立质量持续改进机制，不断完善认证产出评价（周爱军，2023）。

二、高职专业认证的内涵、理念与价值逻辑

（一）高职专业认证的内涵

1. 专业认证

专业认证起源于美国，是指通过检查、评估对高等院校中的专业进行认可，表明达到了可接受的最低质量控制和质量保障的过程。专业认证即专门的职业性专业认证，指专业性认证机构对高等教育机构开设的职业性专业教育实施的专门性认证，由专门职业协会会同该专业领域的教育工作者一起进行，为相关人才进入专门职业界从业的预备教育提供质量保证。对一所学校的具体专业的认证，是职业准备的范围和质量的基本保证。不同的行业认证不同，在发达国家，几乎所有的行业都建立了类似的认证体系。相似之处是都有既定的标准体系和操作程序，差异主要是由于行业属性、标准内容相同，即便同一行业也有不同的认证标准。专业认证是一种为获得教育实力证明的自发、自愿行为，是对通过既定标准的专业给予资质证明，进而向相关利益者展示其办学实力。通常由政府授权的独立第三方专业机构实施，专家成员主要是专业领域的行家，能为精准诊断专业办学质量提供专业支撑。参与专业认证的专业一般都具备专业性非常强（具有不可替代性）、职业性特征明显、须经长时间实操训练的特点，它们更适合通过专业认证的方式来提高自身质量。

2. 高职专业认证

高职专业认证是对高等职业教育机构所开设的专业或教学计划进行全面、客观、公正的评价和鉴定，以确定其是否符合一定的办学标准和质量要求的活动。

这一过程由专门性的认证机构进行，旨在保障高等职业教育的质量，推动教育事业的发展。

在高职专业认证过程中，既要考虑高职专业与本科专业的共性，更要考虑高职专业的特殊性。2020 年 9 月 1 日，教育部等九部门印发《职业教育提质培优行动计划（2020—2023 年）》，提出“探索高职专业认证”。2020 年 10 月，中共中央、国务院印发了《深化新时代教育评价改革总体方案》，提出要“创新评价工具，利用人工智能、大数据等现代信息技术，探索开展学生各年级学习情况全过程纵向评价、德智体美劳全要素横向评价”“充分利用信息技术，提高教育评价的科学性、专业性、客观性”。这些政策文件为高职专业认证指明了发展方向。

高等职业院校和普通高校在专业认证方面存在多方面的差异。这些差异体现了两种不同类型高校在人才培养目标、评价标准及评价模式等方面的不同特点。第一，认证标准方面。高等职业院校的专业认证标准往往更加注重实践技能、职业能力和行业需求。这些标准通常由职业教育专家和行业企业专家共同参与制定，以确保学生具备进入相关行业所需的知识、技能和职业道德水平。认证标准可能包括学生指导、培养目标、毕业要求、质量改进、课程体系、师资队伍、支持条件、产教融合、专业特色等多个方面，紧密对接经济社会发展需求和职业教育专业教学标准。第二，评价重点方面。高等职业院校专业认证的评价重点通常放在学生的职业能力与操作技能上。这包括学生在工作情景中的表现、对专业技术的掌握程度以及解决实际问题的能力等。在评价过程中，应特别关注实践教学环节、实训基地建设以及学生的实践成果等方面。第三，评价模式方面。高等职业院校的专业认证通常采用标准参照评价模式，即依据职业能力标准来评价学生的表现。这种评价模式更加贴近行业需求和企业要求，有助于培养学生的实践能力和职业素养。第四，认证目的方面。高等职业院校的专业认证，其主要目的是提升教育质量，确保专业人才培养符合社会需求和行业标准。通过认证，高职学校可以明确专业发展的方向和目标，推动专业建设向更高水平迈进，并为学生提供更好的就业和发展机会。

（二）高职专业认证的理念

高职专业认证的核心原则牢固地植根于成果导向教育（Outcome-Based Education，OBE）的教育理念之中。OBE 理念着重围绕以下五个核心议题进行深入探讨：①明确学生应达到的学习成果；②理解学生为何需要这些成果；③研究如何帮助学生实现这些成果；④验证学生是否已达到这些成果；⑤确保学生具备实现成果的必要条件。历经长期的演变与深化，OBE 教育理念已清晰地界定了三项基本原则：反向设计（Reverse Design，RD）、以学生为中心（Student Centered，SC）及持续改进（Continuous Improvement，CI）（李志义，2020）。这些原则为我国高等职业教育专业认证工作的未来发展指明了明确的方向，为其提供了清晰的路径。

1. 反向设计原则

反向设计与传统的正向设计相比，显示了明显的差异。正向设计过程以课程观点为起点，在进行教学计划时，应先建构课程系统，再寻找达到教学目的的有效途径。逆向设计的原理是以“以需求为中心”，一是明确地定义教育需要，二是以此为基础来制定培养目标，三是根据这个目标来制定毕业要求，四是建立起与之相适应的课程体系。这种基于结果的教学模式将逆向设计思想和正向执行战略相结合，以“需求”为起点，以结果为归宿，明显提高了教学目的和实践效果的一致性。

反向设计的过程及其核心环节可概括如下：①以需求为导向，明确培养目标：在此阶段，需求的考量成为设定培养目标的根本依据，确保培养目标与实际需求高度契合。②依据培养目标，设定毕业要求：培养目标为毕业要求的制定奠定了坚实基础，而毕业要求的设定旨在全面支撑培养目标的实现。③根据毕业要求，框定指标点：毕业要求直接决定了指标点的设置，这些指标点全面覆盖了毕业要求的各个维度。④围绕指标点，构建课程体系：指标点为毕业生的能力构建提供了清晰的框架，课程体系的设计则紧密围绕这一能力结构进行。⑤基于课程体系，决定教学要求：毕业要求对教学要求的制定产生直接影响，教学要求需全面涵盖毕业要求的各个方面。⑥遵循教学要求，指导教学内容：教学要求成为选择教学内容的重要依据，确保教学内容能够有效支撑教学要求的达成（李志义，2016）。

2. 以学生为中心原则

以学生为中心的思想，是对学生在成长过程、学习过程和学习效果等多个层面进行全面的考虑。这一理念强调，教育实践、教师培训、课程规划、软硬件资源配置等因素，都应该作为衡量学生能否达到培养目标的重要参考。同时，课程设计注重每个学生在不同阶段的综合成绩，并将其推广到整个学校。一个专业合格与否的关键，是其所招收的全部学生都达到了相应的毕业要求，这才是“全员覆盖”教学思想的体现。

与教师主导型的传统教育模式相比，OBE 理念更强调以学生为中心的教学模式。以学生为核心的教学活动模式，着重凸显学生在学习历程中的主体角色，将学生持续地置于中心地位，深刻反映了“人本主义”的教育哲学观念。从知识观念的维度审视，这种教学活动模式与旧有的教学模式有着显著的区分。它更为注重知识的创新特质与实践应用，主要依托科研实践及实际活动来构建并推进知识体系的完善，促使教育模式从以往的知识传授与承继向知识的亲身体验与自主发现转型，并同步实现从单纯记忆到运用知识以启迪创新思维与提高思维素质的转变。此外，该教学活动模式还着重突出知识、能力、思维与素养四个层面的教育目标，全面且深入地贯彻“全面进步”的教育方针。此教学活动模式极其注重教与学的深度交融，教师的“传授”与学生的“学习”应相互补充，共同形成一个和谐统一的整体。

3. 持续改进原则

“成效”“成果”“结果”是近几年来在质量评价与管理中兴起的一种新观念，它已被广泛地运用于社会生活的各个层面。持续改进原则要求教育者不断审视和优化这些学习成果，确保它们与行业需求、学生发展和社会期望保持高度一致。持续改进原则有助于为我国的高职学校质量保障体系的工作提供有益的参考。

持续改进原则要求高职专业不断评估、反馈并改进其教学活动，以确保教育质量始终符合预设的标准。这一过程有助于发现教学过程中的不足，及时进行调整和优化，从而保障学生能够获得高质量的教育资源和学习体验。同时，通过持续改进，高职专业可以不断适应行业发展和市场需求的变化，调整课程设置和教学内容，使其更加贴近实际工作需要。这有助于提升学生的就业竞争力和职业素养，同时也有助于提升专业在行业内的声誉和影响力。此外，持续改进原则要求建立一种具有“评价—反馈—改进”反复循环特征的质量管理体系。这一体系有助于对影响质量的一切过程和因素实行有效监控，确保教学质量管理的完整性和有效性。通过质量管理体系的不断完善，可以进一步提高高职专业的教育质量和教学效率。没有持续改进，学习成果为导向和以学生为中心的理念无法在专业层面得到落实。因此，持续改进应当是我国高职专业认证最需要强调的理念。

（三）高职专业认证的价值逻辑

专业认证不仅是实现人才跨国界与跨区域流动的必然要求，也是促进与产业发展紧密对接、满足社会需求的关键途径。近年来，高职专业认证日益成为国内外高等职业教育质量保障活动的重要构成部分，主要归因于其具备的独特功能与显著价值。

1. 改善专业建设的内外环境，提高建设水平

在我国高等职业教育现代化建设的进程中，尽管其规模实现了快速扩张，但仍面临着办学基础相对薄弱、区域发展不均衡、专业建设水平有待提升，以及对区域经济与社会发展的支撑能力不足等日益凸显的问题。通过推行具有中国特色的高职专业认证制度，构建一个统一、权威且具备高度公信力的认证体系，能够有效改善我国高职专业建设的内外部条件。一方面，改善专业建设的外部环境。首先，在完善教育评价体系及推动教育民主化进程方面，高等职业教育专业认证发挥着重要作用。这一认证流程由独立的第三方机构严格组织和实施，全面覆盖教育评估的各个环节。在此过程中，行业企业、社会组织以及热心教育的个人积极参与，共同制定专业建设标准并提出富有洞察力的见解和建议，对整个认证流程进行严格监督。无论是企业、同行专家，还是社会组织与个人，都享有参与学校管理、推动专业建设的权利，充分体现了教育民主化的核心理念。其次，高等职业教育的专业认证对于提升专业声誉和营造积极的社会氛围具有显著作用。社会对专业教育的认同与接纳程度，直接影响专业的存续与发展，尤其是在经济、物质和人力资源方面。因此，一个良好的社会环境对于专业建设至关重要，有助于赢得广泛的社会认可。专业认证不仅是一个提升教育质量的关键过程，也是借助认证机构的权威性，在公众中塑造正面形象的有效手段，这对于提升专业教育的品质并扩大社会声誉具有重要意义（陈晓萌，2017）。另一方面，改善专业建设的内部环境。首先，专业认证为专业建设提供了强有力的管理支撑。参与专业

认证的院校必须依据认证标准进行自我评估，识别专业建设中的提升空间，达成共同改进的共识，并制订详尽的改进方案，完善相应的设施和条件。在执行这些任务的过程中，学校能够明确其努力的目标和方向，迅速而准确地聚焦关键议题。以专业质量提升为核心，对学校的其他工作进行评估，在确立明确的标准和可量化的指标后进行评价与改进，确保管理与运营不被繁杂且各自为政的事务所干扰。在认证过程中，专家团队能够针对专业发展的具体细节提供意见和指导，这些意见也将转化为被评院校的改革目标，推动院校完善其管理机制，并引导全校朝着这些改革目标迈进。其次，高等职业教育专业认证为专业建设提供了坚实的资源保障。为了顺利获得认证，院校需在管理理念与制度体系上持续创新，并科学合理地配置软硬件资源，确保专业建设获得充分的资源支持。通过加大对专业建设的投入力度，显著改善了实验设备、图书资料等教学设施条件，进一步丰富了专业资源，推动了整体办学条件的提升。同时，学校还根据认证标准，对教师队伍的数量与结构进行了优化调整，以提升专业课程的教学质量与教学水平，消除制约质量发展的不利因素，并对现有不足之处进行了完善，从而为专业建设奠定了坚实的基础。

2. 完善人才培养体系，保障教育质量

高职专业认证以立德树人为根本思想，以“认证驱动发展，认证引领创新，认证促进完善”为指导思想，符合高职教育发展的内在需求，不断推动学校的专业建设进程与人才培养质量的提升（郭丽君和石汉卿，2024）。一方面，健全质量标准，增强人才培养的规范性。专业认证对专业教育的关键质量影响因素，如教育目标、课程架构、师资力量、支持设施、学生发展、管理架构及质量评估等，均设定了明确的界限，其核心理念在于将所有专业建设的利益相关者纳入专业标准的制定过程中。国家通过制定相关制度和政策，对专业建设的发展方向提出宏观性指导，确保其沿着既定轨迹前进；认证机构则负责将这些标准具体化，并制定出与之相符的评估指标体系。这些指标体系的构建，充分考虑了产业界专家、同行以及其他相关机构人员的意见，并获得了他们的认可和支持。教育界的专家则负责对认证院校所完成的指标体系进行严格的验收与审核，确保专业建设能够在国家宏观指导与市场有效参与的双重作用下，实现规范化发展。因此，引入专业认证机制，对于完善高等职业教育领域中的专业人才培养标准，提高专业质量标准的精准度与专业性，以及推动专业设置与教育过程的规范化进程，均具有重要的促进作用。另一方面，实现全面发展，推动人才培养的持续性。首先，高职学校根据职业教育的发展趋向及行业实际需求，深思熟虑地设定了专业培养目标，并进而将其具体化为详尽的毕业要求。在此基础上，院校清晰地界定了专业课程目标，并针对不同培养阶段，不断扩充和优化课堂教学技术，革新教学手段。同时，专业认证着重强调“逆向设计，顺向实施”原则，以保障教学目标的圆满实现。其次，在推动职业教育高质量发展的宏观环境下，对于人才培养而言，关注职业教育“学以成人”“教育造人”的价值协同逻辑，塑造出一个多元价值协同共生的职业教育人才全面成长观念。目前，我国各省级区域的高职专业认证试点工作，其认证标准不仅针对专业毕业生的技术知识掌握、技能素养水平和实践操作能力设立了清晰的合格基准，还高度强调了对劳模精神、劳动精神、工匠精神的培育，以及对德智体美劳五个基本维度的综合考量。据此可见，我国当前实施的高职专业认证标准，在推动人才全面、均衡的发展进程中，发挥着举足轻重且不可或缺的作用（郭丽君和石汉卿，2024）。

3. 推进高职教育国际化，实现人才跨国流动

高职专业认证作为提升高等职业教育质量与国际认可度的关键环节，对推进高职教育国际化、促进人才的跨国流动具有深远的意义。第一，提升教育质量。高职专业认证通过设定一系列标准化、国际化的教育质量评估指标，促使高职学校在课程设置、教学资源、师资队伍、实践教学等方面达到国际先进水平。这一过程不仅有助于国内高职学校的自我提升，也为国际社会提供了评价中国高职教育质量的客观依据。第二，增强国际互认。获得国际认可的专业认证，如国际工程教育认证（《华盛顿协议》）、国际商科教育认证等，能够使高职毕业生的学历和资格在国际范围内得到更广泛的承认，这为毕业生在全球就业市场中的竞争力提供了有力保障。第三，促进国际合作。专业认证过程中的国际交流与合作，为高职学校搭建了与国际先进教育机构的合作平台，促进了教学资源的共享、学术研究的合作及师生互换等活动的开展，进一步推动了高职教育的国际化进程。第四，拓宽就业渠道。拥有国际认证的高职学历，为毕业生打开了通往国际就业市场的大门。许多跨国企业和国际组织在招聘时，更倾向于选择具有国际认证背景的求职者，因为它们通常被认为具备更高的专业素养和跨文化沟通能力。

4. 推动教育与经济发展相适应，满足产业需求

一方面，高职专业认证推动教育与经济发展相适应。第一，通过专业认证，可以对职业教育中的教学过程、课程设置、教学资源等进行全面的评估和监督，进而提升教学质量和水平。认证过程中的评估意见和建议为学校提供了宝贵的参考，有助于学校改进教学方法和管理体系，促进教育改革与创新。第二，高职专业认证鼓励学校加强与企业、行业等外部机构的合作，共同开发教学资源，提升教育资源的优化配置。这种合作不仅有助于学校了解行业最新动态和技术发展趋势，还能够为学生提供更多实践机会，增强他们的实际操作能力。第三，随着经济结构的调整和产业的升级，企业对人才的需求也在不断变化。高职专业认证能够促使学校根据市场需求灵活调整专业设置和课程内容，从而增强教育的适应性。通过认证，学校可以更加准确地把握行业发展趋势和人才需求，为经济发展提供有力的人才支撑。

另一方面，高职专业认证满足产业需求。第一，高职专业认证通过对学生学习成果的评估，确保培养的学生具备行业所需的职业能力和技能。这种能力导向的教育模式有助于提升学生的就业竞争力，使他们能够更好地适应市场需求和产业发展。第二，高职专业认证涉及企业对人才需求和对教育培养目标的评估。通过与企业合作，学校可以更加深入地了解企业的实际需求，从而调整专业特色及专业核心课程的设置。这种深度的校企合作有助于加强校企之间的交流与合作，提高学生的实践能力和就业竞争力。第三，高职专业认证不仅关注学生的职业技能培养，还注重学生的创新能力和创业精神的培养。通过培养具有创新精神和创业能力的高素质人才，高职专业认证有助于推动产业升级和经济发展。

三、湖南省高职专业认证的实践

（一）湖南省高职专业认证实施背景与意义

湖南省坚持认真学习贯彻党的二十大精神和习近平总书记关于职业教育工作的重要指示精神，把推动现代职业教育高质量发展摆在突出位置。为全面落实

《国务院关于印发国家职业教育改革实施方案的通知》（国发〔2019〕4 号），服务湖南创新引领开放崛起战略，为经济提质、增速、转型提供高素质技术技能人才支撑，结合湖南省实际，2020 年 1 月 16 日，《湖南省人民政府关于印发《湖南省职业教育改革实施方案》的通知》（湘政发〔2020〕2 号，以下简称《方案》）。从“加强党对职业教育工作的全面领导”“完善新时代湖南职业教育体系”“大力推进产教协同育人”“提升职业教育服务能力”“建设高水平‘双师型’师资队伍”“建立健全职业教育质量保证体系”“确保各项改革顺利实施”七个方面，系统解读了湖南省职业教育改革的方法路径与保障举措，深入阐释了湖南省职业教育改革将如何服务湖南创新引领开放崛起战略，为经济提质、增速、转型提供高素质技术技能人才支撑。依据《方案》，湖南省职业教育瞄准湖南建设国家重要先进制造业高地战略，通过优化布局、深化产教融合、实施“楚怡”行动计划，着力提升职业教育服务先进制造业的关键办学能力，探索“湖湘工匠”工程技术人才培养模式，畅通先进制造业技术技能人才成长路径，培养“湖湘工匠”（湖南省人民政府，2020）。2023 年，湖南省高职学校为制造产业输送毕业生 6.44 万人，培训企业员工 227.2 万人次，技术交易到款额达 1.41 亿元，技术服务产生的经济效益达 9.28 亿元，为区域经济的发展提供了有力的人才和技能支撑。同时，2023 年，湖南省持续推进教学改革创新。获国家职业教育教学成果奖 31 项；教师教学能力国赛获奖 25 个；学生技能竞赛国赛获奖 257 个。35 所学校入选全国数字校园试点校（佚名，2024）。《2023 中国职业教育质量年度报告》共采用 59 个案例，其中，湖南省有 14 所高职学校的 12 个案例和 4 张图片入选。这些充分展示了湖南职业教育的办学理念、办学成果以及办学特色，湖南省职业教育质量进入了国家“第一方阵”。

然而，湖南省职业教育高质量发展的同时也存在一些阻碍，如在质量监控与保障方面，存在省级监控行政化色彩明显、院校监控自主性缺乏、社会监控不健全、财政投入不足等问题。质量监控与保障体系的建设不仅关系到职业教育的教学质量、人才培养效果，还直接影响到职业教育与经济社会发展的有效对接和产业升级需求的满足。我国高等教育专业认证工作始于 20 世纪末，但高等职业教育专业认证工作尚未正式全面开展。为进一步服务国家战略，助力湖南省“三高四新”美好蓝图的实现，提高湖南省高职专业教育质量和国际影响力，亟须推动高等职业教育专业认证工作。《方案》在阐明有关“建立健全职业教育质量保证体系”的实施路径时着重强调，为保障湖南省高职学校的人才培养质量，需“加强职业教育质量评价和督导评估。全面推进职业院校内部质量保证体系诊断与改进工作，实施职业教育质量年度报告制度。自 2019 年起，对职业院校新设专业办学水平进行合格性评价，建立职业院校专业办学水平分类评价制度，支持第三方机构开展职业教育评价。”因此，为规范和引导湖南省高职高专院校专业建设，建立健全职业教育质量保障体系，推动学校对标争优，不断改善办学条件，加强内涵建设，切实提升专业人才培养质量，构建湖湘特色高职高专院校专业认证体系、实施专业认证势在必行。

（二）湖南省高职专业认证指标体系构建

高职专业认证主要通过专业举证、专家查证的方法来进行专业认证。评价内容主要包括专业培养目标与规格、师资队伍建设、课程体系与教学资源、实践教学与实习实训条件、质量保障体系等，依据评价结果以判断专业培养目标是否达到要求的过程。高职专业认证强调“学——认证动员系统、做——人才培养系统、证——认证过程系统”的整合（刘伟等，2024）。构建高职专业认证组织与实施体系是一个复杂且系统的过程，注重内部评估与外部评估的有机结合，涉及多个层面和多方参与。

认证指标体系是指为了保证高职专业认证工作的顺利实施，用以指导专业认证工作实践，帮助学校确定评价内容、范围、权重等一系列相互关联的要素集合。指标体系是一个多维体系，涉及多个层次、多个方面以及不同类别的指标。它是一个动态的概念，是随着实践发展而不断发展变化的。它既有具体指标，也有量化指标；既有定性指标，也有定量指标。重点从满足以下两方面入手：一是将学生发展的需求与行业企业对毕业生的需求相衔接，探索既能充分体现专业办学的核心理念，又能实现与企业评价认知相匹配的专业评价指标体系；二是让客观、全面的专业认证结果成为高职专业优化、教师完善教学行为的“造血细胞”，实现其教学价值（刘洪斌等，2021）。

湖南省高职专业认证秘书处对标国际工程教育专业认证和国内教师专业认证标准，借鉴 OBE 理念，明确以学生为中心、以人才培养目标为导向原则，反向设计指标体系。结合高职教育的特点，将专业建设的外部环境要求、内部运行环节和表象发展特征三个方面作为重点关注要素，厘清培养目标、课程体系、课程实施、教学支持与保障、培养结果等维度的关系与评价机制，构建能体现湖南高职教育的建设目标与“湖湘特色”的湖南省高职专业认证指标体系。指标体系包括人才培养目标、人才培养实施过程、人才培养支持条件与质量保障、人才培养结果四大模块，形成了湖南省高职专业认证指标体系层次模型，如图 2.1 所示。

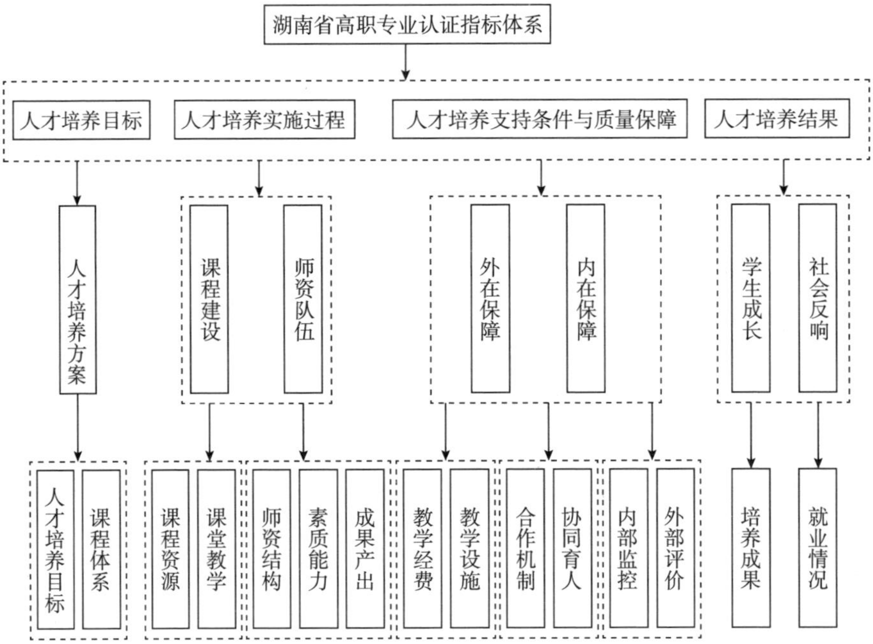

图 2.1　湖南省高职专业认证指标体系层次模型

依据该模型，湖南省高职专业认证指标体系以定量化的核心成果指标与定性化的过程性材料体现学生教育和学习成就。在人才培养方案、人才培养实施过程、人才培养支持条件和人才培养结构等一级指标下，二级指标和主要观测点也将学生培养质量和就业能力作为核心指标，课程教学、师资队伍、支持条件等方面的建设均需以有利于实现学生培养质量和就业能力为导向。因此，湖南省高职专业认证指标体系包含 7 个一级指标、15 个二级指标（见表 2.1）。

表 2.1　湖南省高职专业认证指标体系

一级指标	二级指标
培养方案	培养目标
	课程体系
教学实施	课程资源
	课程教学
校企合作	合作机制
	协同育人
师资队伍	师资结构
	素质能力
	成果产出
支持条件	教学经费
	教学设施
质量保障	内部监控
	外部评价
学生发展	培养质量
	就业能力

1. 人才培养目标

人才培养目标即培养者对所要培养人才的质量和规格的总规定。培养目标是培养人才的总体要求，是反映高职专业建设状况的重要指标。学校人才培养目标与区域经济产业发展的适配性是高等职业教育增强适应性的核心指标。培养目标的设定应以产出为导向，应体现经济产业发展的需求，支持区域经济的发展。

高职教育作为一种新的类型教育，存在一定的特殊性。它更强调职业的针对性和实践性，须以学生的职业技术技能训练为核心，基于市场对于人才的需求，反向确定人才培养规格，明确未来培养什么人、人才须具备何种能力（王贤，2012）。同时，人才培养目标既是全面贯彻党的教育方针，落实学校办学指导思想的总体要求，又是设计人才培养方案及其课程体系、实施全面发展教育的具体要求，即是“课程体系与内容”的前提和依据。“课程体系与内容”反映了高职专业建设质量的重要指标。“技能型社会建设”的发展目标对现阶段的高等职业教育质量提出了新的需求，高职教育在人才培养过程中注重与市场的互动结合，重实践、重技术应用、重学生综合能力的养成。以高素质技术技能培养为中心，是进行高职专业认证的必然导向。因此，课程体系设置服务于专业培养目标，符合国家、省有关标准，能够支撑毕业要求达成，课程体系设计有企业或行业专家参与。课程内容应根据职业教育国家教学标准要求，对接职业标准（规范）、职业技能等级标准等，优化课程体系和教学目标，拓展教学内容深度和广度，体现产业发展新趋势、新业态、新模式，体现专业升级和数字化改造。契合高素质技术技能人才培养诉求的培养目标及专业课程体系的设置，能为学生提供良好的学习氛围和设备条件。

2. 人才培养实施过程

人才培养目标设定了高职教育质量评估的锚点，能否达成人才培养目标关键在于高职教学实施过程，教学实施情况充分反映着高职学校在专业发展中的态度。教学实施过程的各个方面和各个环节质量都较高且相互配置合理有效，才能保证高职教育的总体质量。课程是教学的主战地，科学、合理地设置课程和充分指导学生开展多样有效的实习、实训活动、优质的课程资源、教学资源等，课程建设水平是影响高职教学质量非常重要的内在因素之一。

高水平的课程建设为高职教学奠定了资源基础，借助课程资源育人还需有高水平的课堂教学，学生吸收、内化知识的过程大多发生在课堂中。国外专业认证的成功经验，通常践行以学生为中心的理念，如美国工程与技术认证委员会ABET 在针对两年制专业（中高职）、四年制专业（本科及研究生）的认证过程中，把课堂教学实施作为院校或学科专业建设的首位，要求坚持过程性评价，给学生提供及时的专业指导，帮助学生提高学习获得（汤霓，2018）。

“师资队伍”也是反映高职专业建设水平的重要指标之一。教师作为课堂教学的实施者，其能力高低必然影响课堂教学质量的高低。高职人才培养目标在于培养高素质技术技能人才，培养技术应用型人才不仅要求教师具备较扎实宽厚的理论基础，而且要求教师具备一定的技术应用能力，掌握技术在生产中的应用状况，了解技术的发展趋势。因而，高职师资队伍建设的重点除具备扎实的教育教学技能外，具有丰富实践经验和扎实理论基础的“双师型”教师是高职教育水平的重要影响因素（张斌，2004）。高职教育的职业性、实用性和技术性特征决定了其从业教师中，“双师型”教师应该占相当的比例。依据“双师型”教师的内涵，在定量描述专业师资队伍建设水平时，需关注教师的师资结构，专业教师、行业教师的占比，教师在技术技能教育教学上的成绩及突出贡献、能从事一定的前沿应用技术开发和社会服务等工作，且有较好的成果产出。产学研结合才能促使教师在理论与技术应用上实现深度融合，成为高素质的“双师型”教师，助力高职人才培养。

3. 人才培养质量保障

教学质量保障体系是全面提高教学质量的工作体系和运行机制，具体包括：以提高教学质量为核心，以培养高素质人才为目标，把教学过程各个环节、各个部门的活动与职能合理组织起来，形成一个任务、职责、权限明确，能相互协调、相互促进的有机整体。“人才培养质量保障”是反映高等学校专业建设质量的重要指标。相对于普通本科，基于高职人才培养目标与人才培养过程的特殊性，高职教学质量保障也应具有特殊性。高职人才培养质量保障体系可以分为外在保障体系和内在保障体系两部分。

外在保障体系主要由政府、企业和社会三大主体构成，对高职学校的教育质量保障起到第三方监督、支持和反馈等作用（郭广军和金建雄，2019）。政府在高等职业教育质量外在保障体系中发挥着“主导”作用，如宏观调控、质量评估、资源协调、政策保障以及发展提供财力和物力的支持。我国的高职教育以公办教育为主，办学经费大多来自政府拨款。政府的财力与物力投入力度显著影响学校的办学效益。政府“教学投入”与办学效益之间的关系除直接影响外，还存在着企业与社会需求这一因素的间接影响。因此，政府作用的最大化，还需建立在企业和社会需求信息的精准反馈与收集上。因而，企业需对高职学校的人才培养质量进行测评与问题反馈。

鉴于高职教育人才培养的职业性与实践性的特点，实习或实训在课程设置中的占比较大。无论是从人才培养需求适配度上考虑，还是从实习、实训场地与教学设施的支持上考虑，都须产业、企业深入参与。“产教融合”成为办好高职教育的必要条件（马树超和郭文富，2018）。校企双方基于充分讨论、协商，建立权责分明、利益“双赢”的校企合作机制，联合确定人才培养方案，对接产业、企业的人才技能需求，依托行业企业的实践性指导和协助，依靠企业优势提供完备的、符合教学需要的教学设施、教学实习实训场地，拓展师生技术研究和创新的主战场，采用“订单式”培养模式，优势互补、协同育人，实现为行业、企业一线培养高素质技术技能人才的目标。社会在此过程中发挥监督功能。政府、企业和社会三者之间需保持紧密联系，相互协调，相互支持与监控，共同为高职教育质量提供方向性及运行条件保障。

内在保障体系由高职学校自身组成，主体包括学校教育教学的各个职能部门，包括相关规章制度的制定，学科课程的合理设置，教学设备等硬条件的支持和保证，学生实习、实训实践活动的开展，学校对学生学业的考核，学校井然有序的日常教学管理，学校内部自我教学质量监控的措施，完成学校教育教学任务的强有力师资保障。首先，完善的制度和规范的教学管理是学校教学质量的提高的前提条件，也为高职实践教学质量保障体系的构建奠定了坚实基础。其次，除外部监控以外，学习也需建立专业内部质量保证体系、教学质量监控与评价机制并有效执行，运用信息技术对各主要教学环节质量实施监控与常态化评价，保障毕业要求达成。最后，教学实施过程各环节的有机衔接是人才培养质量的最核心保障。例如，课程资源与课堂教学水平、落实实习、实训活动的场地与仪器保障，师资队伍建设等。

4. 人才培养结果

人才培养结果是极为重要的专业认证指标。基于人才培养结果的检测与评价，有助于反思人才培养体系的其他环节，优化人才培养目标、大力推进教育教学改革与专业内涵式发展，切实构建教学质量保障体系，持续优化提高教育教学的国际认可度和竞争力。

教育的目标是实现学生成长，根据学生的成长和发展需求设计专业认证的人才培养结果维度的指标体系。首先，需要从学生作为主体的角度出发，认识到学生不仅是教育的接受者，更是主动参与和发展的主体。评估指标体系的设计应当围绕学生的全面发展进行，包括知识、技能、情感态度、价值观及社会适应能力等方面。同时，如前所述，高职教育具有职业性、实践性、实用性的特征，认证指标主要观察学生是否能够践行社会主义核心价值观，德智体美劳全面发展，具有一定的科学文化水平，良好的人文素养、职业道德和创新意识，精益求精的工匠精神，掌握较为系统的基础理论知识和技术技能，具有一定的创新创业能力和较强的可持续发展能力。其次，在就业市场是否具有较强竞争力；社会和用人单位对毕业生的评价情况；毕业生去向与本专业的培养目标是否基本吻合，是否促进了区域经济的发展；等等（徐国庆，2018）。具体的定量指标通常包括毕业要求、学习成果、专业对口率、专业就业率、用人单位满意度、工作情况、资格证书获取率等可量化指标。

专业认证标准的 7 个一级指标并非碎片化存在，指标之间具有内在逻辑关系。认证标准要求专业根据外部需求制定培养目标，为支撑培养目标达成而制定相应的毕业要求（学生学习产出），设计课程教学与实践教学环节支撑毕业要求的达成，合理配置师资队伍、教学资源，满足人才培养需求，并要求专业建立基于产出的评价改进机制，保证专业不断改进教学环节，持续提升人才培养质量。培养方案、师资队伍、课程与教学、校企合作、支持条件、学生发展、质量保障 7 个指标维度之间的“反向设计、正向施工”的互动关系则为认证标准的逻辑“主线”。

5. 确定指标权重系数

指标权重的确定通过三轮德尔菲法广泛征集意见。

第一轮征集对象主要来自高职学校的校长、书记、教务人员、学院院长、专业带头人、教学管理人员和一线教师，共 63 人，在该行业或专业平均从业年限为 26. 9 年，常年深耕在教学第一线，对高职专业发展的现状最了解，也最有发言权，其从事的专业如图 2. 2 所示。

图 2. 2　调查对象从事专业的词频分析

调查对象来自长沙、怀化、湘潭、株洲、永州、岳阳、常德、郴州、张家界、益阳、衡阳、娄底等多地，收集到了湖南省最广泛地域代表的样本信息。

第一轮调查征集了高职专业认证一级指标的构成及各指标点权重，结果如图2.3所示。由此，确定了一级指标及其权重。

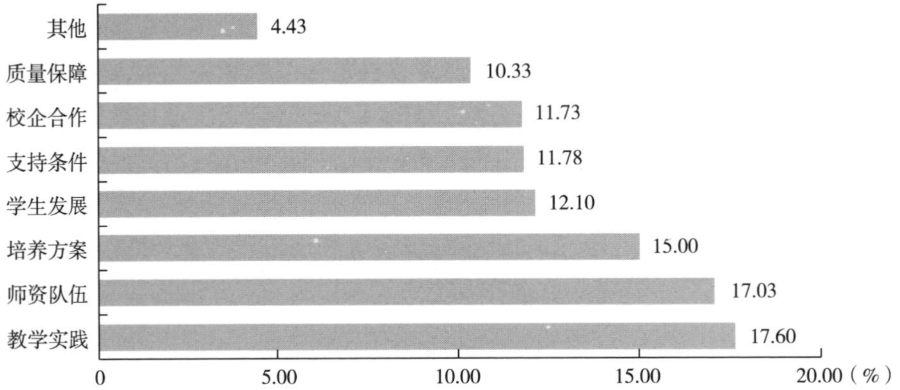

图 2.3　一级指标构成及其权重

2022年5月进行了第二轮意见征集，主要是对每个一级指标的二级指标及观测点提出建议。之后湖南省高职专业认证秘书处多次深入高职专业学院，走访专业教师和考察专业实习第一现场，了解专业建设存在的问题，广泛听取来自教学一线教师对专业认证的意见和建议。

湖南省高职专业认证委员会经过多轮全体委员会议，展开充分论证，确定了涵盖通用标准和补充标准在内的专业认证标准。通用标准适用于所有专业，包括培养方案、教学实施、校企合作、师资队伍、支持条件、质量保障、学生发展7个一级指标、15个二级指标和具体的主要观测点。按照可对照、客观的原则，收集专业核心成果数据，为专业认证提供参考。专业补充标准是通用标准的补充与具体化，适用于某一具体专业，结合各专业发展建设及教育教学特殊要求制定。专业补充标准是在专业核心成果定量指标评价的基础上，各专业提供描述性的文字材料进行专业定性分析，包括专业发展报告和典型案例两部分。

（三）湖南省高职专业认证实施过程

湖南省高职专业认证委员会主要从事高职专业认证理论与实践研究，组织、指导开展专业认证，并对相关工作进行评价与咨询等。在正式进行高职专业认证之前，需做好充足而严谨的认证准备。具体的实施流程如图 2.4 所示。

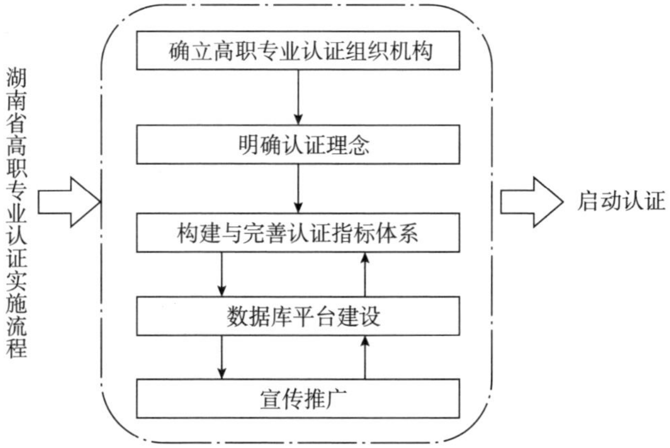

图 2.4　湖南省高职专业认证实施流程

1. 确立高职专业认证组织机构

湖南省教育厅发文设立湖南省高职专业认证委员会，下设秘书处，提出“探索开展高等职业院校分级分类专业认证，由省建立专业认证标准，学校贯标并自愿申报认证专业，第三方机构进行认证”的基本思路。

2. 明确认证理念

湖南省高职专业认证委员会明确以“学生中心、产出导向、持续推进和对标争优”为高职专业认证理念，构建具有湖湘特色的高职专业认证体系，通过开展具有高公信力的专业认证，为学生提供专业选择的参考依据。

3. 构建与完善认证指标体系

湖南省职业教育专业认证标准应坚持通用标准与专业标准并行，通用标准是所有专业的认证基础，体现专业认证的普适性，而专业标准则反馈具体的专业特色，促进专业的个性化发展。最终，湖南省高职专业认证委员会秘书处制定了

《湖南省高职专业认证实施办法（试行）》《湖南省高职专业认证标准（试行）》《专业补充标准》《专业核心成果定量指标体系》，编制了《湖南省高职专业认证申请书》等，为后续的认证工作奠定了科学基础。

4. 数据库平台建设

由湖南省高职专业认证委员会秘书处主导，委托软件开发公司进行专业认证数据管理平台搭建工作。数据库纳入了全省 75 所高职学校名单与专业目录，各参评学校的申报数据通过数据库平台提交，为认证委员会材料初审提供了极大的便捷性。

5. 宣传推广

为便于各职教人士了解湖南省高职专业认证工作的工作进展与研究成果，秘书处开通专业认证委员会公众号，设立“高职发展前沿”“国际高职发展动态”“专业建设经验交流”等板块，通过公众号不同专题文章的推送，向各高职学校进行专业认证理念、认证意义、指标内涵解读、专业认证相关工作过程与成果展示、依据指标要求，给予建设指导等，该公众号成为宣传推广湖南省高职专业认证工作的主阵地。

6. 启动湖南省高职专业认证试点工作

第一，参与电子商务专业认证的高职学校对照认证标准准备认证材料，提交认证申请。第二，湖南省高职专业认证委员会审查材料，并依据各指标权重对提交认证材料的定量指标进行赋权评价，对数据平台提交的数据进行分析与核算，依据结果排序，遴选出进入专家现场考察的学校名单。第三，湖南省高职专业认证委员会遴选专家，启动现场考察，形成现场考察报告。第四，秘书处形成认证结果，并提交湖南省教育厅审核。最终结果通过湖南省高职专业认证委员会官方网站和公众号进行公示。同时，高职专业认证委员会向各参评学校发放认证结果反馈报告，引导专业对标优秀，推动专业建设水平的提升。此外，针对认证结果，湖南省高职专业认证委员会组织专家团队，对存在问题的学校提供专业指导，并持续关注学校改进情况。试点专业的具体认证程序如图 2.5 所示。

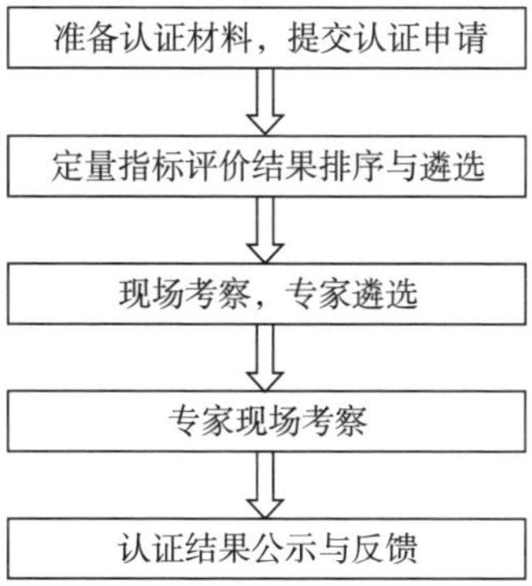

图 2.5　湖南省电子商务专业认证实施程序

第三章　湖南省电子商务战略布局与行业发展剖析

湖南省“三高四新”战略聚焦于打造先进制造业、科技创新和内陆地区改革开放三大高地，对跨境电商和对外贸易合作提出了更高要求。近年来，电子商务行业在推动农业现代化、制造业数字化转型及服务业优化升级等方面成效显著，同时加速了湖南产业结构的调整与现代化产业体系的构建。但是，电子商务行业仍面临政策支持、物流设施、综合服务平台建设及复合型人才培养等方面的困境。为解决这些问题，湖南需加大政策落实力度、优化物流网络、建设综合服务平台，并通过校企合作培养电商复合型人才，以实现电子商务产业的高质量发展。

一、湖南省“三高四新”战略布局

（一）“三高四新”战略背景

2023 年，由于受主要国家通胀高企、高利率、公共债务上升以及世界各地地缘政治冲突的影响，全球主要经济体经济复苏缓慢，需求疲软，导致全球贸易下滑。同时，由于全球产业链供应链的深度调整，世界贸易格局发生显著变化。面对严峻的国际贸易形势及 2022 年创纪录的高基数，中国对外贸易在 2023 年承受了较大的压力。湖南省顶住外需低迷、上年外贸基数较高等多重压力，外贸总体呈现理性回归、提质增效的态势。

“三高四新”战略是习近平总书记为湖南发展锚定的新坐标、明确的新定位、赋予的新使命。“三高四新”战略的提出是基于国家发展的需要、中部地区崛起的需求以及湖南省自身发展的实际状况而作出的科学决策和战略部署。

1. 国家发展的需要

置于国家层面，“三高四新”战略是在一系列深刻且复杂的背景下应运而生的，是国家发展进程中的必然选择，是应对全球经济格局演变和国内经济转型升级挑战的战略举措。

当前，全球经济格局正经历着前所未有的深度调整。国际贸易摩擦频繁，保护主义抬头，全球产业链、供应链面临重构。发达国家纷纷推动“再工业化”战略，试图在高端制造业等领域重新占据主导地位。新兴经济体也在加快产业升级步伐，竞争日益激烈。在这种形势下，中国作为世界第二大经济体，经济发展的外部环境充满不确定性和挑战。

从国内情况来看，经过多年的高速增长，中国经济已进入新常态，传统的发展模式难以为继。过去那种依靠资源消耗、劳动力密集和低附加值加工的产业模式，不仅面临资源环境的约束，而且在全球价值链中的地位也有待提升。为了实现经济的可持续发展，必须加快转变经济发展方式，推动产业结构优化升级，从要素驱动、投资驱动转向创新驱动。

在这样的大背景下，“三高四新”战略中的打造国家重要先进制造业高地，具有极其重要的意义。先进制造业是国家经济实力和竞争力的核心体现。通过发展先进制造业，能够提高我国在全球产业分工中的地位，增强经济的抗风险能力。例如，在新能源汽车领域，我国企业不断加大研发投入，掌握了核心技术，逐步实现了从跟跑到并跑甚至领跑的转变。这不仅推动了汽车产业的升级，还带动了相关产业链的发展，如电池、电机、电控等领域的技术进步和产业壮大。

打造具有核心竞争力的科技创新高地，更是国家发展的迫切需求。科技创新是引领发展的第一动力，在全球科技竞争日趋激烈的今天，只有掌握了核心技术，才能在国际竞争中立于不败之地。我国在高铁、5G 通信、超级计算等领域取得了举世瞩目的成就，但在一些关键核心技术领域，如芯片制造、高端医疗器械等，仍然受制于人。因此，必须加大科技创新力度，突破技术“瓶颈”，实现科技自立自强。例如，面对外部的技术封锁，华为坚持自主研发，在 5G 技术、芯片设计等方面取得了一系列突破，为我国通信产业的发展赢得了主动权。

内陆地区改革开放高地的建设，对于促进区域协调发展、构建国内国际双循环相互促进的新发展格局具有重要意义。长期以来，我国沿海地区在对外开放中占据了先机，取得了显著成就。然而，内陆地区的开放程度相对较低，发展潜力尚未充分释放。通过打造内陆地区改革开放高地，能够推动内陆地区更好地融入全球经济体系，加强与国内外市场的对接，实现资源的优化配置和经济的高质量发展。例如，重庆通过建设内陆国际物流枢纽，开通中欧班列，加强与欧洲的贸易往来，极大地提升了对外开放水平，促进了经济的快速发展。

2. 中部地区崛起的需求

中部地区地处我国内陆腹地，承东启西、连南接北，在全国区域发展格局中具有重要的战略地位。然而，长期以来，中部地区在经济发展中与东部沿海地区相比严重滞后，经济总量相对较小，产业结构不够优化，创新能力相对薄弱，对外开放程度较低，区域发展不平衡不充分的问题较为突出。

在产业结构方面，中部地区的传统产业比重较大，如钢铁、煤炭、化工等，这些产业大多处于产业链的中低端，附加值不高，且面临着资源环境约束和市场竞争压力。为了实现产业的转型升级，中部地区需要培育和发展新兴产业，提高产业的附加值和核心竞争力。“三高四新”战略中的打造先进制造业高地，为中部地区的产业转型指明了方向。例如，湖北的光电子信息产业、安徽的新型显示产业、河南的装备制造业等，都在逐步向高端化、智能化、绿色化方向发展，推动了中部地区产业结构的优化升级。

在创新能力方面，中部地区的创新资源相对不足，创新平台和载体不够完善，创新人才短缺。为了提高创新能力，中部地区需要加强创新平台建设，加大研发投入，吸引和培养创新人才。“三高四新”战略中的打造具有核心竞争力的科技创新高地，为中部地区的创新发展提供了有力的支持。例如，武汉的东湖高新区、合肥的综合性国家科学中心等都在积极开展科技创新活动，取得了一系列重要成果，为中部地区的创新发展注入了强大动力。

在对外开放方面，中部地区的对外开放水平相对较低，对外贸易和投资规模较小，开放平台和通道不够完善。为了扩大对外开放，中部地区需要加强开放平台建设，拓展对外贸易和投资渠道，优化营商环境。“三高四新”战略中的打造内陆地区改革开放高地，为中部地区的对外开放提供了新的机遇。例如，郑州的航空港经济综合实验区、湖南省的黄花综合保税区等都在不断完善开放功能，提升开放水平，促进了中部地区与国内外市场的对接和融合。

3. 湖南省自身发展的实际状况

湖南地处我国中部，拥有丰富的自然资源、深厚的文化底蕴和较为完备的工业基础。然而，在经济发展的进程中，湖南也面临着一系列问题和挑战。产业结构方面，尽管在工程机械、轨道交通、电子信息等领域取得了一定的成绩，但传统产业仍占据较大比重，新兴产业的发展尚需进一步培育壮大。在创新能力方面，虽然在一些领域有一定的技术积累，但整体创新水平与发达地区相比仍有差距，创新资源的整合和利用效率有待提高。在对外开放方面，湖南地处内陆，开放型经济发展相对滞后，对外贸易和外资利用规模相对较小，开放平台和通道建设有待加强。

“三高四新”战略的提出，为湖南解决这些问题、实现跨越式发展指明了清晰的路径。在打造国家重要先进制造业高地方面，湖南具有独特的优势。以工程机械为例，湖南拥有三一重工、中联重科、山河智能等一批在国内外具有影响力的企业，产品涵盖挖掘机械、起重机械、混凝土机械等多个领域。通过持续加大研发投入、推动智能化改造、加强品牌建设，湖南的工程机械产业不断向高端化、智能化、绿色化迈进，市场竞争力进一步增强。同时，湖南积极培育新兴产业，如新材料、新能源汽车、航空航天等，推动产业结构的优化升级。例如，在新材料领域，湖南的先进储能材料、先进硬质材料等产业发展迅速，形成了一批具有核心竞争力的企业和产品。

在科技创新方面，湖南加大了对科研平台的建设力度。岳麓山大学科技城、马栏山视频文创产业园等创新平台的建设，为科技创新提供了良好的载体和环境。同时，湖南积极引进和培养高层次创新人才，加强产学研合作，促进科技成果转化。例如，中南大学在轨道交通、材料科学等领域的科研成果，通过与企业的合作，实现了产业化应用，为湖南的产业发展提供了有力的技术支撑。

在改革开放方面，湖南充分发挥自身的区位优势和产业优势，积极融入共建“一带一路”，加强与长江经济带、粤港澳大湾区等区域的合作，拓展对外贸易和投资渠道。湖南自贸试验区的设立，为湖南的改革开放提供了新的平台和机遇。通过制度创新、优化营商环境，吸引了一大批优质项目和企业落户湖南。例如，湖南长沙黄花综合保税区的发展，带动了跨境电商、保税物流等产业的蓬勃发展，促进了湖南外向型经济的提升。

综上所述，“三高四新”战略是湖南在国内外新形势下，结合自身发展实际做出的科学抉择，对于推动湖南经济社会高质量发展具有重要意义。

（二）“三高四新”战略布局

早年湖南省因为身处内陆，交通相对闭塞，是对外开放的“困难户”。得益于“一带一路”倡议的提出，欧亚大陆桥进一步畅通，交通越来越发达，湖南省正发挥着承东启西、连南接北的作用，战略意义举足轻重。习近平总书记在湖南考察时强调，着力打造国家重要先进制造业、具有核心竞争力的科技创新、内陆地区改革开放的高地，在推动高质量发展上闯出新路子，在构建新发展格局中展现新作为，在推动中部地区崛起和长江经济带发展中彰显新担当，奋力谱写新时代坚持和发展中国特色社会主义的湖南新篇章。“一带一路”是全方位、多层次、多元化、创新性的合作体系，产能合作是湖南参与其中的核心内容与实体支撑。“三高四新”战略能让湖南发挥自身优势，将实现“三高四新”美好蓝图、构建和发展现代产业新体系等共建“一带一路”联动起来，着力创新推进先进制造业、建筑业、农业、人文科教、医疗卫生等优势领域，加强与重点区域和国别的合作，打造重点园区，推动自贸区改革实现新突破，建设好展会、通道、枢纽、网络、园区、友城等重点平台，全力支持相关重点企业和项目。通过加大资金、技术、设备、管理等方面的支持力度，与合作方共同建立生产基地、工业园区，形成和巩固产业链、供应链的分工合作关系，从而在共建“一带一路”国际产能合作中展现湖南作为、作出湖南贡献。

“三高四新”战略，特别是内陆地区改革开放高地战略是习近平总书记从战略和全局高度赋予湖南的重要使命任务，是湖南省融入和服务新发展格局、实现高质量发展的必然要求。内陆改革开放高地战略，在布局上统筹了从产业发展到区域协调、从开放到创新等发展战略。

1. 强劲注能产业集群加速发展

湖南省积极推动产业集群的发展，通过加大政策支持、资金投入和科技创新，为产业集群的加速发展注入强劲动力。在先进制造业领域，以工程机械、轨道交通、航空航天等为代表的产业集群不断壮大。例如，湖南长沙的工程机械产业集群汇聚了三一重工、中联重科等龙头企业，通过技术创新和智能化升级，产品畅销全球。株洲的轨道交通产业集群在高铁、城轨等领域取得了一系列突破，成为国内领先的轨道交通装备制造基地。同时，湖南还注重培育新兴产业集群，如新能源汽车、电子信息、生物医药等，形成了多点开花的产业发展格局。这些产业集群的加速发展，不仅提升了湖南的产业竞争力，也为内陆地区产业发展提供了示范和借鉴。

2. 更新观念推进区域协调发展

湖南摒弃传统的区域发展观念，以更加创新和协同的思路推进区域协调发展。一方面，强化长株潭都市圈的核心引领作用，推动长株潭一体化向更高水平迈进。在交通、产业、公共服务等方面实现深度融合，打造全国重要的增长极。另一方面，加大对湘南、湘西等地区的支持力度，促进区域均衡发展。湘南地区积极承接沿海产业转移，发展加工贸易和制造业；湘西地区则依托丰富的生态和文化资源，发展生态旅游和特色农业。通过这种差异化、协同化的发展模式，实现了全省区域发展的统筹协调，缩小了地区差距，提高了整体发展水平。

3. 放宽视野深化对外开放合作

湖南以更加开放的视野，积极融入全球经济体系，深化对外开放合作。加强与共建“一带一路”国家的经贸往来，拓展国际市场。例如，湖南的轨道交通装备、工程机械等产品在东南亚、中东等地区广受欢迎，通过建设海外生产基地和研发中心，实现了本地化生产和服务。同时，积极打造对外开放平台，如长沙黄花综合保税区、岳阳城陵矶港等，提升了对外开放的承载能力。此外，湖南还加强与沿海地区的合作，承接产业转移和创新资源辐射，形成了内外联动、东西互济的开放格局。通过深化对外开放合作，湖南的经济发展空间得到进一步拓展，为内陆地区开放发展提供了有益经验。

二、湖南省电子商务发展规划分析

（一）湖南省现代产业体系建设布局

电子商务是催生数字产业化、拉动产业数字化、推进治理数字化的重要引擎，是提升人民生活品质的重要方式，是推动湖南省“三高四新”战略实施的重要抓手，是构建“4×4”现代化产业体系的重要力量。

1. 坚持“三高四新”战略，大力发展数字经济

《湖南省“十四五”规划和二〇三五年远景目标的建议》提出实施“三高四新”，大力发展数字经济。近年来，数字经济在 GDP 中的占比持续攀升，其中，电子商务作为数字经济领域内最活跃的领域，正处于创新发展与增长的黄金时期。随着新一轮科技革命与产业转型的深化，电子商务平台汇聚了海量全链条数据资源，电商企业积极利用先进数字技术构建服务于整个产业链的大数据云平台，助力企业跨越至数字化转型的新阶段。通过数字技术的深度赋能，不仅促进了产品与服务的创新升级，也为数字经济增添了强劲的新动力。在此过程中，电子商务不仅为数字经济体系注入了新动能，也实现了自身的跨越式发展与增值。因此，应坚定不移地遵循“三高四新”的战略导向，紧密跟随数字经济的新趋势，紧密围绕湖南省数字经济发展的核心战略，精心布局，推动湖南省电子商务行业迈向更加健康、可持续的发展道路。

2. 以先进制造业为主导，加快构建“4×4”现代化产业体系

2023 年湖南省委、省政府正式发布了旨在构建现代化产业体系的重要文件，该体系以先进制造业为核心引擎，围绕“4×4”框架展开，即改造提升 4 大传统产业、巩固延伸 4 大优势产业、培育壮大 4 大新兴产业、前瞻布局 4 大未来产业，共同支撑起湖南现代化产业体系的坚实“四梁八柱”。作为全球制造业的领军者，中国被誉为“世界工厂”，而湖南省作为国家级先进制造业的重要基地，其地位尤为突出。依据《湖南省“十四五”电子商务发展规划》的权威数据，电子商务领域展现出强劲的增长势头，交易规模持续扩大，年均增长率显著超越全国平均水平，其中电子商务交易额与网络零售额的年增长率分别达到了 29.1% 与 31.2%。值得一提的是，至 2020 年，湖南省电子商务交易额已成功突破 1.5 万亿元大关，标志着其电子商务规模的飞速扩张。与此同时，以云计算、大数据、区块链等为代表的新一代信息技术正深度融合于电子商务产业之中，不仅深刻改变了传统商业模式，还极大地提升了资源配置效率，凸显了电子商务在推动社会经济发展中的不可替代作用。电子商务的蓬勃发展，通过数字化、信息化、智能化的深度融合，为制造业注入了新的活力，加速了制造业产业结构的优化升

级，实现了传统制造业与现代信息技术的协同发展。

（二）基于数字经济背景的电子商务发展趋势

1. 电商产业与实体经济的融合

在数字化浪潮的推动下，电商产业与实体经济的融合已成不可逆转的趋势。当前，信息化时代为电子商务的迅猛增长提供了广阔舞台，使其成为国民经济体系中不可或缺的一环，为我国经济发展注入了强劲动力。与此同时，实体经济的稳健发展为电子商务的繁荣奠定了坚实基础。展望未来，电子商务与实体经济的深度融合将加速电商产业的跨越式发展。随着融合程度的加深，企业在运营过程中面临的生产经营成本也逐步降低。企业通过提升生产效率、优化生产结构、改善经营管理等手段，有效减少了成本支出，从而在更短的时间内实现更高的利润回报。这一趋势不仅有助于企业的盈利增长，更为其可持续发展奠定了坚实的基础。

2. 电商产业与先进制造业的融合

为了推动制造业的转型升级，相关部门应聚焦信息化和数字化两大核心驱动力。在此基础上，应积极引导制造业企业与电子商务构建紧密的供应链关系，以形成高效协同的生产与销售网络。鼓励制造业企业全面应用信息化技术，包括生产制造系统、营销服务数据及企业智能管理等维度，以优化生产资源要素的配置和利用效率。同时，促进制造业向高级化和合理化方向发展是重要目标。为实现这一目标，制造业应加大创新投入，增加创新人员数量，并持续推动产业转型升级。此外，还需深化电子商务与制造业的融合发展，联动制造业与服务业、生产性产业等多领域，实现多产业的合理化布局和协同发展。在这一过程中，应充分发挥人力资源在要素配置中的积极作用，以实现制造业与其他产业的协同创新和发展。

3. 电商产业与人工智能的融合

随着人工智能技术的持续演进，其对社会生产生活的变革性影响日益显著。尽管我国人工智能已在多个领域取得显著进展，但在电商领域，其应用潜力仍然巨大，亟待深化与电商的融合发展。将电子商务与人工智能技术有机结合，能够构建一条从消费者需求到商品供应的高效闭环链条，并通过整合各个环节，实现精准化生产，从而满足市场的多样化需求。此外，推动智能客服技术的广泛应用，不仅能有效解决用户在电商购物中遇到的各类问题，还能显著提升用户体验，增强用户黏性。同时，利用大数据技术深入挖掘电商交易数据，能够精准把握用户需求，为用户提供个性化服务，进一步增强电商平台的竞争力。此外，借助大数据和云计算技术，还可以构建完善的电子商务信用体系，为电商市场的健康有序发展提供有力保障。在数字经济的大背景下，深化人工智能与电商的融合，不仅能为电子商务行业的发展奠定坚实基础，还能推动其实现可持续发展和长足进步。

（三）湖南省电子商务产业发展规划分析

1. 电子商务发展推动产业结构优化升级

（1）电子商务推动农业优化升级。农村电子商务的兴起显著削弱了生产者与消费者之间的交易障碍，有效缓解了供需双方在信息获取上的不对称性，进一步拓宽了农产品的销售途径。电子商务在销售环节的应用，不仅集中了消费者的需求，还通过数据分析精准捕捉了消费者的偏好，并将这些信息反馈给农户，激励农业生产端实施技术革新。同时，众多电商企业纷纷将业务触角延伸至农产品供应链的上游，将电子商务与大数据、人工智能等前沿技术相结合，借助这些新技术和经营策略来革新农业生产模式，推动农业向规模化、标准化、产业化方向发展，实现农业生产、供应、销售的数字化管理，引导农业精准生产，进而促进农业的整体优化与升级。

（2）电子商务推动制造业转型升级。电子商务与制造业的深度融合正在成为行业发展的新趋势，极大地释放了制造业的潜在能力。首先，在供需平衡方面，电子商务通过降低信息传递成本，使制造企业能够更精准地通过电子商务平台分析消费者偏好，把握市场动态，从而生产更符合市场需求的产品。这种模式不仅有助于企业发掘其比较优势，还促进了柔性化生产，使企业能够更合理地安排库存，减少浪费，实现资源的精准匹配和合理流动，从而推动制造业的优化升级。其次，新兴的电子商务模式（如直播电商、社交电商等）正在重塑产业链，变革传统的生产模式。这些新模式，如“前播后厂”和“订单模式”，有助于供应链实现全链路的数字化管理，提高供应链的运作效率，并加速新产品的开发速度。这些变革促使制造企业不断提高其技术含量，实现从传统的资本密集型向技术密集型产业的转变。

（3）电子商务为服务业注入新动力。电子商务的蓬勃发展极大地丰富了生产要素的种类，使知识、信息、数据等要素的重要性越发凸显。电子商务不仅降低了这些要素的流动成本，还显著提高了生产者获取资源的能力。电子商务的兴起，实质上标志着信息化水平的提升，这进一步推动了现代服务业如信息硬件和软件服务等行业的发展。信息化水平的提高不仅拓宽了服务业的交易空间，还有助于服务业从资本密集型向知识和技术密集型转变，为现代服务业的繁荣注入了新动力。电子商务的广泛应用还带动了与之紧密相关的配套产业的蓬勃发展，对物流、金融、科技、管理咨询、创意产业等生产性服务业和现代服务业产生了深远影响。例如，电子商务的兴起推动了网上银行、第三方支付等金融服务的创新与发展；同时，也促进了信息、软件等科技服务业的壮大，从而提高了现代服务业和生产性服务业在整体经济结构中的占比，实现了服务业结构的优化与升级。

2. 以电商为引擎，结合三次产业特点突破湖南省数字化转型发展

（1）通过数字化技术重构农业产业体系。促进数字经济与实体经济深度融合的核心策略，在于精准对接农业（第一产业）的特性与需求，利用电商平台引领数字化创新与实践，从而内在驱动农业的数字化转型与升级。在此背景下，“产业数字化”战略成为推动农业与数字经济融合创新的焦点，该战略聚焦于促进农村土地资源的优化配置与流通，紧密围绕农业各细分领域的“供应—生产—销售”全链条，强化农业数字基础设施的建设（涵盖物联网感知设备、边缘计算、5G 网络等），以弥补现有技术短板。通过电商平台的数字化工具，重新构建细分农业产业的供需对接机制、农资供应体系及生产模式，显著提升农业生产要素（如农资、农机、农技）的配置效率。同时，依托农作物全周期流通中的大数据智能分析，有效减少农业生产的不确定性，降低风险。此外，积极孵化“订单式生产”“个性化定制”等新型业态，丰富高附加值农产品及副产品线，有效应对农产品供过于求导致的滞销问题，逐步推动农业向产业化、数字化、智能化方向转型。这一系列举措不仅强化了数字化技术在农业领域的应用与模式创新，还切实促进了农业的增长潜力，并有效降低了经营风险，为农业的可持续发展注入了新活力。

（2）提高第二产业重点领域数字化水平。数字经济与第二产业协同演化关系相较于数字经济与第一产业协同演化关系更为稳固，在协同演化过程中呈现出“先有产业基础，再有数字化赋能”的演变规律。近年来，中国对工业互联网等关键数字基础设施的大力投入，促使数字经济与第二产业的融合重心转型，越发聚焦于数据深度挖掘、业务流程重构及技术创新融合等高级层面。然而，值得注意的是，工业领域的数字化转型伴随着较高的经济门槛与机会成本，使部分利润率较低的行业细分及中小企业面临资源投入的巨大挑战，难以独立承担全面的数字化转型重任。鉴于此，在推进数字经济与第二产业融合创新的战略部署中，应优先聚焦于那些利润率高、产业集中度强的细分领域，通过它们的率先转型成功，不仅能够有效提升整个行业的数字化水平，还能为其他行业树立标杆，逐步带动全行业的数字化转型进程，实现第二产业数字化水平的整体跃升。

（3）推动数字经济与第三产业深度融合。数字经济与第三产业协同演化过程持续伴随着“数字产业化”特征，且数字经济给第三产业（尤其是消费性服务业）带来的科技红利已充分释放，因此，未来应重点考虑推动数字经济与“生产性服务业”融合创新，以进一步夯实数字经济与第三产业对称互惠共生模式并推动第三产业持续健康发展。

三、湖南省电子商务行业发展现状、困境与出路

（一）湖南省电子商务行业发展现状

1. 湖南省电子商务业增长速度明显

湖南正处于创新驱动、结构调整、转型升级的关键时期，在“现代化新湖南”的美好愿景下，全面落实国家“互联网+”行动计划，促进传统产业融网转型，深化流通领域电商应用，进一步营造良好的电子商务发展环境，从 2021 年开始，大力实施“三高四新”战略，电子商务业成为打造内陆地区改革开放高地的重要组成部分。为进一步推动“十四五”时期湖南省电子商务高质量发展，湖南省商务厅印发《湖南省“十四五”电子商务发展规划》（以下简称《规

划》），根据《规划》设定的目标，2025 年，湖南省网络零售额将超 5000 亿元，年均增速达到 10%以上，其中全省农产品网络零售额超过 500 亿元，跨境电商交易额年均增速达到 20%。到 2035 年，湖南省基本建成统一开放、竞争有序、诚信守法、安全可靠的电子商务市场体系。根据湖南省统计局发布数据，截至 2024 年 10 月，湖南省实现社会消费品零售总额 15230. 59 亿元，同比增长 5. 5%，高于全国平均水平 2. 2 个百分点。电商新模式快速发展，带动网上零售持续较快增长，全省网上零售额同比增长 11. 5%。其中，实物商品网上零售额增长 10%，快于社会消费品零售额总额增速 4. 5 个百分点。

2023 年，据湖南省商务厅相关负责人介绍，2012 年以来，湖南电子商务交易额年均增长 45. 7%。2023 年，湖南省社会消费品零售总额首次突破 2 万亿元，达到 20203. 34 亿元，比 2022 年增长 6. 1%，全省网上零售额比上年增长 15. 6%，其中实物商品网上零售额增长 12. 1%，快于社会消费品零售额总额增速 6 个百分点。同时，湖南省实现网上零售额（按卖家分）3040. 6 亿元，是 2015 年的 5. 3 倍，年均增长 23. 2%。其中，实物商品网上零售额 2432 亿元，是 2015 年的 5. 9 倍，年均增长 24. 8%，较同期社会消费品零售总额年均增速高了 17. 2 个百分点；占社会消费品零售总额的比重为 12. 0%，比 2015 年提高了 8. 4 个百分点。

2. 电商新模式推动农业数字化升级

湖南省实施“数商兴农”助力乡村振兴行动计划，明确“数商兴农”工作目标和六大行动 16 项主要任务，并将“数商兴农”工作纳入全省市州、县区乡村振兴考核内容，探索形成全省一体化推进机制。2022 年，湖南省商务厅、湖南省乡村振兴局出台了《2022 年湖南省“数商兴农”专项行动助力乡村振兴工作计划》，启动数商兴农示范县评选。湖南推广“电商+”模式，开展“电商+农产品、电商+文旅、电商+民俗产品”，扩展“电商+”空间，促进电商与乡村振兴特色深度融合；引导直播电商、短视频电商、内容电商、社交电商等电子商务新载体向农村普及，鼓励农产品生产、电商企业在直播平台上开设企业号，推动电商新载体深入“三农”领域，宣传推广“乡村故事”。同时，湖南省认定首批跨境电商孵化中心，积极探索跨境电商孵化模式，打造产业集聚区；推动“产业带+跨境电商”融合发展，邵阳假发、醴陵陶瓷、益阳竹制品等优质产业带相继“上线出海”。

湖南省通过推广“电商+”模式促进电商与乡村振兴特色深度融合，开展“电商+农产品”“电商+文旅”“电商+民俗产品”，扩展“电商+”空间。在商务部的指导下，通过中国电商乡村振兴联盟先后 5 批共有 330 家企业参加帮扶培训，资助了 101 家企业进行优质农产品认证，增加了湖南省网销农产品品类。近年来，湖南农村电商发展取得突出成效，2016~2023 年湖南省农产品网络零售额，如图 3.1 所示，2023 年全省通过电商销售的农产品零售额达 406.58 亿元，同比增长 14.48%。全省累计获批 79 个全国电子商务进农村综合示范县、居中部第一，全省县（县级市）覆盖率达到 82.8%。2023 年湖南网上年货节活动持续近 1 个月，助推湖湘特色原产地农产品成为线上“爆品”，第三方机构监测数据显示，其间共实现网络零售额 161.6 亿元。

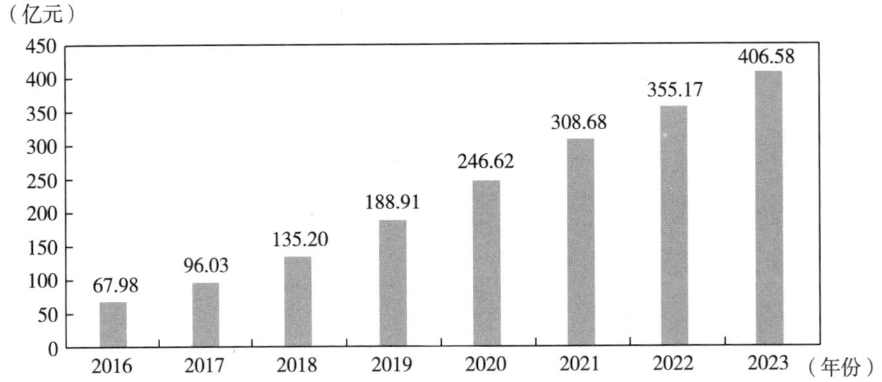

图 3.1　2016~2023 年湖南省农产品网络零售额

江永县是湖南省首批电子商务进农村综合示范县、首批数商兴农示范县。近年来，该县农村电商蓬勃发展，成为农村经济新增长点。江永县获评全国首批农村电商“领跑县”，是湖南省唯一获此殊荣的县，江永县农村电商领跑全省。江永县出台对电商创业人员实施免费培训、免担保贴息贷款、物流快递补贴等政策，并通过电商创业联合会，培育和凝聚 200 多名农村电商“领头雁”。江永县涌现出电商直播“网红”120 多名、乡村“网红”30 名，短视频达人 2000 余人。投资 600 余万元打造的电商街，孵化电商企业 140 余家，培训电商人才 4.2

万人次，带动电商从业人员超过9000人，电商交易额累计超过20亿元。江永县建成农村电商服务站点87个，覆盖所有乡镇和90%的行政村。升级打造“乡村振兴村级直播示范小站”15个。截止到2024年10月，江永县有电商企业305个、网店超2960家，全县电商从业人员9960人，电商产业链吸纳3万多人就业。近两年，江永县电商年销售额累计突破4.5亿元，3500多户农户累计增收1.8亿元。

3. 湖南省电子商务业在长株潭高度集中

在湖南省电子商务快速发展的态势中，长株潭（长沙市、株洲市、湘潭市）地区电子商务交易额居全省绝对领先地位，长株潭地区电子商务交易额占全省比重虽有所下降，但总量仍占到全省的七成以上。从湖南省商务厅公布的数据来看，长沙市场主体总量增速稳居中部六省会（长沙、武汉、郑州、合肥、太原、南昌）前列，向优势产业集聚的态势为产业升级和主体增量积蓄了力量。2023年1~12月，湖南省累计实现社会消费品零售总额20203.34亿元，同比增长6.1%。湖南省进出口额排名前三位的市州为长沙、岳阳、衡阳，分别完成2813.49亿元、693.14亿元、446.08亿元，三市进出口额占湖南省总量的64.0%。

2023年8月，商务部发布了《关于电子商务示范企业名单的公告》，湖南省安克创新、电洋信息、惠农科技、可孚医疗、三诺生物5家企业为电子商务示范企业。2018~2019年，湖南省“电商百强”，长株潭地区有56个；全国首批60家电子商务企业，湖南省获评的3家企业均来自长沙市。张家界市、湘西自治州网络零售额同比增速超过100%，明显高于全省平均增速，呈现追赶式发展的态势。在2023中国电子商务大会上，新增16家国家电子商务示范基地授牌，其中湖南省新增3家，分别为湖南醴瓷电商产业园、株洲芦淞（服饰）电子商务产业园、临湘钓具电商物流园。

4. 跨境电商推动外贸高质量发展

近年来，湖南将跨境电商作为推动外贸高质量发展的新引擎，不断强化政策引导、品牌培育、平台支撑、服务供给，跨境电商进出口额稳步增长，已实现跨境B2C零售出口、B2C直购进口业务双向全流程开通。据湖南省商务厅相关负责人介绍，截至2024年8月，湖南省已与235个国家和地区建立经贸往来，进出口规模突破6000亿元大关，其中跨境电商交易额达580亿元，在湘世界500强达211家，自贸试验区、中非经贸博览会、中非经贸深度合作先行区、19个国家级园区、7个海关特殊监管区、14个进境监管场所等开放平台，与6个跨境电商综合试验区、中非跨境电商服务中心、6家国家电子商务示范基地、93个海外仓等形成联动，为优质湘品出海插上了“翅膀”。

湖南省商务厅数据显示，2024年1～7月，湖南省跨境电商进出口交易额331.02亿元。第三方监测数据（亚马逊）同比增长7.9%，样本企业数据同比增长16.86%。2023年，湖南评定省级跨境电商产业带6个，分别是浏阳市烟花爆竹、醴陵市陶瓷、湘潭经开区电子元器件、邵阳县发制品、邵阳经开区发制品、蓝山县皮具箱包跨境电商产业带。2024年8月30日，2024湖南（长沙）跨境电商交易会在湖南国际会展中心开幕，此次交易会持续至9月1日，设置了跨境电商平台、选品、服务商、特色产业带、现场直播、主题活动六大展区，300余家企业和单位集中展示。旨在促进湖南品牌与全球市场的对接，并通过“校友回湘”与“湘商回归”双轮驱动，强化跨境电商主体引育和人才培养。

湖南省高度重视跨境电商高质量发展，出台跨境电商专项政策，连续三年成功举办跨境电商交易会，具有一定的电商和产业基础优势。2023年，湖南省人民政府办公厅印发了《关于促进跨境电商高质量发展的若干措施》，这是湖南首个跨境电商专项政策。湖南省商务厅和湖南省财政厅印发了《关于做好2023年省级数字商务集聚区、跨境电商产业带等申报工作的通知》，聚焦跨境电商产业园建设，优质服务商引进培育，持续完善湖南跨境电商产业生态，赋能优势产业优质企业全渠道出海，认真贯彻落实现有跨境电商发展的各项政策法规，大力促进跨境电商发展。

（二）湖南省电子商务行业发展困境

1. 政策制约性依然存在

一是缺乏地方性政策和规章制度规范电子商务业务实施过程。针对电子商务行业存在的登记主体不明确，竞争行为不正当，个人代购缺少监管，网络消费中存在取证难、索赔难的问题，消费者的弱势地位需在网络消费中有所强化保护，缺乏相关地方性政策和地方规章制度规范电子商务业务在实施中的问题。

二是缺乏对接《中华人民共和国电子商务法》的可操作性规定。《中华人民共和国电子商务法》对电子商务经营者、电子商务平台等多个主体的责任进行了规定，但由于电子商务活动具有涉及面广、变化快等特点，需要在实践中结合湖南省的实际，让电子商务法律通过政策规定予以具体化、明确化、具有可操作性。有关部门应根据电子商务发展需要和消费者需求的变化，出台相应的配套法规规章或司法解释，细化相关规定，督促电子商务经营者及电子商务平台落实责任，充分保障网络消费者的合法权益。

三是电子商务消费者的维权体系需健全。对于电子商务平台责任落实不到位及电子商务供给链涉及的主体规则问题，影响消费者的良好网络消费体验，需大力落实平台责任，建立健全信用评价制度和争议在线解决机制，对平台内经营者及平台相关供应商的经营行为进行严格管理，以提升消费者的消费体验和满意度。

2. 电子商务市场主体培育不足

电子商务市场主体是从事电子商务进出口贸易的实体对接窗口，是发展电子商务产业的基本平台。其内容形式主要包括电子商务网站门户，电子商务公共服务平台等方面。与杭州、北京、上海等城市相比，仍有较大发展空间，是我国电子商务发展的潜力梯队。电子商务网站门户和综合服务平台建设尚未得到有效推广建设，对全省产业升级的拉动力较弱，尤其是一些农村的农产品基地和个体生产商，不仅存在个体企业墨守成规，固守传统外贸订单式进出口，转型意识差的问题；而且企业的单个实力比较弱，在网站门户建设上资金投入有限，缺乏集群合作意识。电子商务门户网站以及综合服务平台是开展电子商务产业的基础硬件设施，也是电子商务发展的第一步，这些市场主体培育不足严重阻碍了电子商务的进一步发展。

3. 集交易、监管、物流于一体的综合服务平台建设相对滞后

电子商务是一个集商品交易、金融支付、物流配送、税收监管于一体的产业。综合性的业务处理服务平台可以极大地提高商品交易效率，促进电子商务的快速发展，实现电子商务业务额的增长，同时也方便部门之间统筹管理。由于湖南省地处中部地区，电子商务起步晚，多方融合尚处于初级阶段，导致电子商务综合服务平台建设严重滞后。

4. 物流企业发展有待提高

物流发展滞后主要体现在两个方面：一方面，湖南省的物流支撑型企业少，尽管湖南省的物流公司不少，但是大多是小型物流公司，做大做强的很少。虽然有星沙物流投资有限公司、湖南一力股份有限公司 2 家公司入选“中国物流企业 50 强”，但与中国远洋海运集团有限公司、厦门象屿股份有限公司等相比，在专业服务能力，特别是物流服务能力等方面，有待进一步提高。另一方面，正因为电子商务企业发展态势不好、集群不足，无法为物流企业提供足够的运营效益和生存空间，制约了湖南省电子商务产业的发展。

5. 复合型人才短缺

《中国电子商务人才研究报告》对我国 304 个外贸企业进行电子商务人才缺口的调查显示，高达 86%的企业存在人才缺口。之所以存在如此大的市场缺口，其原因有三个：一是电子商务是一个飞速发展的新兴的产业，高校培养人才的速度远远赶不上电子商务的发展速度。二是复合型人才在电子商务从业市场缺口较大。高校在培养人才时，要么是培养电子商务人才，要么是培养外语人才，并没有及时地将“外语+电子商务”人才列为培养目标。三是湖南省地处内陆，人才引进很难和沿海城市相抗衡，从而造成电子商务综合型人才短缺的局面。

（三）湖南省电子商务行业发展出路

针对上述湖南省在发展电子商务中面临的制约因素，为了保证电子商务能够顺利发展，实现湖南地区经济贸易转型，从而提高湖南地区的 GDP 总值，可以从以下几个方面提出解决对策：

1. 响应国家利好政策，解决政策层面障碍

首先，省、市政府部门积极响应习近平总书记提出的“一带一路”倡议，结合湖南省现有的区位优势，继续快速提升对外开放程度。其次，要成立电子商务领导工作小组，将电子商务工作制度化、日常化。争取获得国家层面支持，结合本省、本市现状制定电子商务发展的相关法规政策，以保证湖南省电子商务在和谐、有序的环境中得以顺利成长。最后，要不断推动实施开放战略，多走访“一带一路”沿线城市和地区，多调研这些城市和地区电子商务发展现状及未来走向，从而确定湖南省的工作重点，继续申报电子商务综合试验区。

2. 加快建设跨境电子商务门户网站

传统外贸企业应充分利用诚商网、环球资源、中国制造网、eBay 等国内外第三方跨境平台开展跨境进出口业务，集群式发展，建设一批具有自身特色的门户网站。要培育电子商务公共服务平台，深化已有服务平台的功能。如湖南省电子商务综试区线上综合服务平台，现有电子商务企业备案登记、统一申报、统计查询，电子商务相关政策新闻发布、政策解读等功能的基础上，可以拓展其功能，如与国内外知名企业、物流公司合作，开展集智能办公、智能仓储、人才培养、物流配送、支付结汇五位一体的服务模式，旨在为中小微企业提供支付、通关结汇、纳税退税、外贸业务融资、信用证买断等专业服务，帮助实力较弱的中小微企业防范市场风险，节约成本，提高企业效率。

3. 加快电子商务综合服务平台建设

电子商务操作中最重要的一个环节当数物流，因此建设电子商务综合服务平台的首要任务是发展跨境物流。应在政府的指导下，与共建“一带一路”国家和地区的政府通力合作，充分利用大数据、智慧物流等资源共建由国有大型物流企业牵头，联合有发展潜力的中小物流企业建立物流产业链平台，条件允许的情况下，可以设置海外仓，从而加强电子商务平台与物流的有机融合。其次应着力改善通关环境，提高通关速度，从而实现税收监管的高效化和电子商务平台的有效对接。最后解决支付问题，国际支付资金周转时间长，因退换货所带来的支付后期的一系列问题需要我们加强金融平台建设。综上所述，将物流产业链平台，税收监管平台，金融平台与电子商务交易平台有效地组合在一起，可以构建一个综合性的电子商务服务平台雏形。当然这个平台的建设是需要花费较长时间，耗费较多人力才能完成的。

4. 打造基于科学选址的跨境物流仓储中心

跨境物流的发展，需要政府与企业的共同努力。一方面，湖南省政府部门可以通过税收优惠、资金扶持等措施鼓励跨境物流企业的建设，促进现有物流企业开拓国际物流服务，鼓励物流企业做大做强。另一方面，跨境物流仓储中心的建设要基于合理科学的选址方法，降低城市系统的干扰因素。随着互联网时代的到来，过去的城市空间格局已经被打破。仓储物流中心的建设应该基于科学选址，适应电子商务进出口贸易地理方向上的新变化，化解长期积存的市场接入障碍。

5. 重视高质量的复合型电子商务人才培养

在“互联网+”时代背景下，高校培养人才已从单一人才培养模式向复合型培养模式转变。《中国电子商务人才研究报告》显示，企业在选择电子商务人才倾向的专业时，国际贸易、电子商务、外语专业的人才位列前三。所以，针对现在高校中开设较为普遍的电子商务和外语专业，在制订人才培养方案时，可将这两个专业细分为电子商务方向，以便开设针对性较强的课程对学生进行基础知识的传授。此外，高校还应积极开展校企合作，了解电子商务市场的最新形势，和企业联合培养学生，让学生能将课堂上所学知识在电子商务企业中进行实操，为他们进入社会工作打下坚实的基础。

第四章　湖南省高职学校电子商务专业发展成效与制约因素

近年来，湖南省高职学校电子商务专业人才培养方案规范、课程实施运行良好、校企合作成效稳步提升、师资队伍建设成效显著、专业支撑条件总体达标、学生培养多元发展、质量保障管理有序推进。但是，实践能力培养、课程教学实施质量差异不均、产教融合深度不够、师资队伍结构性矛盾、教学设施投入不足、评价体系不健全等仍是制约湖南省高职学校电子商务专业迈向高质量发展的主要因素。找准问题，瞄准产业与行业发展趋势，依据职业教育发展动态，寻求破解之道，提升人才培养质量，才能更好地推动湖南省高职学校电子商务专业发展。

对照《湖南省高职专业认证标准（试行）》，湖南省高职学校电子商务专业认证委员会根据指标体系，从培养方案、校企合作、师资队伍、支持条件、质量保障、学生发展 7 个一级指标以及课程资源、合作机制、师资结构、教学经费、内部监控与培养质量等 16 个二级指标进行评价观测。湖南省共有 27 所高职学校提交了电子商务专业的认证申请并提供了佐证数据。湖南省高职专业认证委员会秘书处按照认证评价体系，基于 SPSS 21.0 统计软件对 27 所高职学校电子商务专业数据进行描述性统计、方差分析等，将统计得分划分为“非常低”“较低”“一般”“比较高”“非常高”5 个等级。

在对专业办学的基础数据进行量化统计的基础上，排名前 8 的高职学校进入电子商务专业专家现场考察环节。在专家进场考察环节，专家组对考察学校的电子商务专业教师、学生与管理人员进行了深度访谈，对实习实训基地、课堂教学、管理文件等进行了现场考察。基于量化数据与质性材料，尝试从培养方案与实施执行、课程教学与资源建设、校企合作与协同育人、师资队伍与成果产出、支撑条件与教学设施、学生发展与就业质量、质量保障与评价体系七个方面对湖南省高职学校电子商务专业的发展进行深入分析。

一、培养方案与实施执行

专业人才培养方案是职业院校落实党和国家关于技术技能人才培养总体要求，组织开展教学活动、安排教学任务的规范性文件，是实施专业人才培养和开展质量评价的基本依据。在职业教育教学改革不断深化及国家教学标准体系框架不断完善的背景下，湖南省高职学校电子商务专业积极对接国家教学标准，优化专业人才培养方案，创新人才培养模式，办学水平和培养质量不断提高。

从湖南省高职学校人才培养方案的文本来看，多数高职学校人才培养方案编写符合《湖南省高职高专院校专业人才培养方案合格性评审细则（试行）》，包含明确的入学要求、修业年限与人才培养目标，且对专业建设的职业面向、培养目标与规格进行详细阐述，并且按照国家政策要求，设置了公共基础必修课程、选修课程、专业核心课程和若干门专业课程，规范了教学进程及安排、实施保障、毕业要求等。目前，高职学校电子商务专业主要培养三类人才：一是网络直播与电商外贸方向，旨在培养一线电商平台营销人才；二是以计算机科学为代表的技术方向，旨在培养电子商务运营人才；三是以经济管理为基础的管理方向，旨在培养电子商务管理人才。总体来看，湖南省高职学校电子商务专业人才培养方案规范且有效，为区域经济发展和电子商务行业提供了有力人才支撑。

但是在考察中发现，部分高职学校人才培养方案的实践导向仍有待强化，人才培养对接行业企业需求的精准性不足。部分学校人才培养方案规定教育教学与课程体系应当理论与实践并重，但课程设置却陷入偏理论轻实践的传统窠臼，“理实”一体的教学体系亟待完善。随着电子商务行业的快速发展，市场对电子商务专业人才的需求也在不断变化，企业对电子商务专业人才的需求主要集中在技术、营销和运营等方面，然而部分高职学校电子商务专业设置、培养模式和教学改革未能及时跟上市场变化步伐。一是电子商务专业特色不够突出。高职学校电子商务专业建设与人才培养缺乏对岗位群及其胜任能力进行精细划分以及垂直解析，导致不少学校电子商务专业人才培养的定位趋向同质化，不能精准对接岗位。与此同时，电子商务专业在学校专业布局中是否处于主体地位，是否属于核心专业群，决定了能否获得学校的政策倾斜与经费倾斜，在一定程度上也制约着专业自身发展。二是课程设置和教学内容特色不明晰。由于部分学校人才培养目标不够精准，既会导致课程设置特色不明晰，亦会影响部分高职学校的专业核心课程设置过于单一，缺乏与市场需求相匹配的多元化教学内容。三是实践教学模式有待更新。部分高职学校由于资金和技术等方面限制，电子商务专业实践教学体系有待完善，缺乏先进的实验室和实训设备，导致偏重理论知识灌输而忽视实践导向的能力培养。这种教学模式导致学生实际操作能力和问题解决能力不足，其专业素养和实践能力难以满足企业的实际需求，进而影响他们的就业竞争力。

二、课程教学与资源建设

课程教学是职业教育的核心环节，对学生职业能力的培养和社会需求的满足具有重要意义。它不仅直接关系到学生的专业技能水平和就业竞争力，还决定了学校人才培养质量和服务地方经济的能力。通过高质量的课程教学，高职学校能够实现知识传授与实践能力培养的有机结合，帮助学生掌握扎实的专业基础和实操技能，适应产业发展的需求。同时，课程教学也是提升学校办学水平、塑造专业品牌的重要途径。优化课程教学可以推动教育与产业的深度融合，促进区域经济结构调整和社会可持续发展。因此，加强高职学校课程教学建设，不仅是对学生个人发展的责任，也是对社会经济发展的重要贡献。

根据统计数据来看，高职学校课程资源标准差为 16.853，方差为 284.020，峰度为 0.678，偏度为 0.678（见表 4.1）。这说明数据变异性较高，不同高职学校之间的课程资源数量差异较大。这种差异主要受区域经济发展水平、政府资源分配政策、学校办学规模与定位、专业设置以及校企合作深度等因素的综合影响。通常，湖南省经济较发达地区重点学校获得更多政策和社会支持，导致课程资源集中，而经济欠发达地区和普通学校在资源获取上存在较大劣势。

表 4.1　湖南省认证高职学校电子商务专业课程资源实施描述性统计

	课程资源	课程资源等级	课程教学	课程教学等级
平均值	19.41	3.07	14.59	3.11
众数	0[a]	3[a]	0	4[a]
标准差	16.853	1.439	16.509	1.450
方差	284.020	2.071	272.558	2.103
偏度	0.678	-0.055	2.802	-0.126
峰度	-0.552	-1.286	10.391	-1.329
最小值	0	1	0	1
最大值	58	5	82	5

注：a 代表存在多个众数，显示了最小值。

在课程教学方面，标准差为 16.509，方差为 272.558，峰度为 10.391，偏度为 2.802（见表 4.1），表示课程教学不仅在各学校之间存在差异，且有部分学校表现得较为突出。标准差和方差显示教学水平在学校间存在一定的变异，而峰度和偏度的高值表明少数学校在教学上表现得极为突出，这种不均衡主要源于区域经济发展的不平衡、政策支持的集中分布、重点学校的资源优势及校企合作的深度差异。同时，学校的规模、师资力量、教学方法创新能力及生源质量也对教学水平具有重要影响。

从表 4.2 中可以看出，高职学校电子商务专业的课程资源等级得分存在显著差异，课程资源的等级分布较为平均。从表 4.3 中的课程教学等级分布来看，课程教学实施与资源建设校际间悬殊较大。部分学校面临专业设施建设和教学资源投入不足的问题，包括实训室、计算机实验室等硬件设施的不足或陈旧，以及教材、软件工具、模拟仿真平台等教学资源无法满足快速发展的电商行业需求。这些不足限制了学生的实际操作机会，减弱了学生理论与实践相结合的能力，影响了学生的就业竞争力和专业发展。

表 4.2　湖南省认证高职学校电子商务专业课程资源等级频率

课程资源等级	频率（所）	百分比（%）	累计百分比（%）
非常低	5	18.5	18.5

续表

课程资源等级	频率（所）	百分比（%）	累计百分比（%）
较低	5	18.5	37.0
中等	6	22.2	59.3
比较高	5	18.5	77.8
非常高	6	22.2	100.0
总计	27	100.0	

表 4.3　湖南省认证高职学校电子商务专业课程教学等级频率

课程教学等级	频率（所）	百分比（%）	有效百分比（%）	累计百分比（%）
非常低	5	18.5	18.5	18.5
较低	5	18.5	18.5	37.0
中等	5	18.5	18.5	55.6
比较高	6	22.2	22.2	77.8
非常高	6	22.2	22.2	100.0
总计	27	100.0	100.0	

现场考察发现，这种差距源于经济、政策、学校发展水平以及资源分配不均等多方面的综合影响。一方面，区域经济发展水平的不平衡直接导致了资源投入的差异。经济发达地区的学校往往能够获得更多的财政支持和社会资本，用于教师培训、课程开发和教学设备的升级，而经济欠发达地区的学校由于缺乏资金和企业支持，在资源建设上显得力不从心。另一方面，政策资源的分配也存在倾斜，重点学校或示范性学校通常得到更多政策扶持，包括资金投入和校企合作机会，这使它们能够建立完善的教学体系和资源库，普通学校则难以享受到同等的资源支持。此外，学校自身的发展水平也是一个关键因素，规模较大的学校通常拥有更丰富的资源积累和更强的竞争力，而小规模学校在教学设备、师资力量及课程资源上都显得相对薄弱。最终，这些因素共同作用，使高职学校之间在课程教学实施和资源建设上形成了较大的落差。要解决这一问题，需要从优化资源分配、促进区域均衡发展以及加强校企合作等方面入手，全面提升整体的课程教学水平和资源保障能力。

三、校企合作与协同育人

高职学校校企合作和产教融合是职业教育发展的关键模式，对于培养高素质技术技能人才和服务产业转型升级具有重要意义。通过校企合作，学校能够将企业的实际需求融入教学设计，实现课程内容与岗位要求的无缝衔接，培养出更加贴合市场需求的应用型人才。产教融合则进一步推动了教育链、人才链与产业链的深度对接，不仅提升了学生的实践能力和就业竞争力，还为企业输送了高质量的技术力量，助力企业创新发展。同时，校企合作和产教融合还能促进职业教育资源的优化配置，推动教育与经济社会的协同发展，为区域产业升级和经济增长提供强有力的支持。因此，深化校企合作与产教融合，不仅是高职教育改革的重要方向，也是推动产业发展和社会进步的战略选择。

（一）合作机制逐步完善，但整体水平有待提高

近年来，湖南省高职学校电子商务专业的校企合作机制逐步完善，呈现稳步提升的态势。然而，数据分析显示（见表 4.4），合作机制的发展仍然存在两极分化现象，整体水平有待进一步提高。

表 4.4　湖南省认证高职学校电子商务专业校企合作描述性统计

	合作机制	合作机制等级	协同育人	协同育人等级
平均值	1.179	3.21	6.15	3.11
众数	0.5[a]	4[a]	0	1
标准差	1.0472	1.524	7.764	1.641
方差	1.097	2.323	60.285	2.692
偏度	1.701	−0.052	2.197	−0.076
峰度	3.184	−1.181	5.768	−1.375
最小值	0	1	0	1
最大值	5	5	34	5

注：a 代表存在多个众数，显示了最小值。

从合作机制等级分布来看（见表 4.5），等级为“非常低”“较低”“中等”的学校占 55.56%，等级为“比较高”“非常高”的学校占 44.4%。数据分析表明，湖南省高职学校电子商务专业校企合作机制呈现显著的层级分化现象。在参与认证的学校中，合作机制定量评分平均值为 1.179（最高分 5 分，最低分 0 分），标准差为 1.0472。从频率分布来看，处于“非常低”“较低”和“中等”水平学校各为 5 所，而达到“比较高”和“非常高”水平的学校均为 6 所。值得注意的是，得分呈现明显的正偏度和较高的峰度，表明大多数学校得分集中在较低区间，仅有少数学校取得了突出成绩。这种显著的两极分化特征反映出湖南省高职学校电子商务专业校企合作发展不均衡，整体水平亟须提升。

表 4.5　湖南省认证高职学校电子商务专业校企合作机制等级频率

合作机制等级	频率（所）	百分比（%）	累计百分比（%）
非常低	5	18.52	18.52
较低	5	18.52	37.04
中等	5	18.52	55.56
比较高	6	22.22	77.78
非常高	6	22.22	100.00
总计	27	100.00	

在政策引导和市场需求的双重驱动下，湖南省高职学校电子商务专业积极探索多元化的校企合作模式，力求将行业资源深度融入人才培养过程。这些模式在实践中不断创新和发展，为提升人才培养质量和满足企业用人需求提供了有力支撑。首先，订单式培养模式较为普遍。高职学校电子商务专业与企业签订合作协议，根据企业的岗位需求，共同制订人才培养方案、开发课程体系，并对学生进行定向培养。学生在校期间，接受企业提供的专业技能培训，毕业后直接进入合作企业就业。这种模式能够有效解决企业用人需求，缩短学生就业适应期，并提高就业的稳定性。其次，现代学徒制模式也得到推广。学校与企业共同招生，共同制订培养计划，共同评价学生学习成果。学生以学徒身份进入企业，在企业导师的指导下，进行岗位技能训练。这种模式强调校企协同育人，将企业文化、行

业标准融入人才培养全过程，培养出更加符合企业实际需求的专业人才。最后，共建实训基地模式是校企合作的重要载体。高职学校电子商务专业与企业共同投入资金、技术和设备，建设校内或校外实训基地，为学生提供真实的电商运营环境。这些实训基地模拟企业实际运营场景，配备电商平台、数据分析工具、网络营销设备等，让学生在校期间就能体验真实的电商工作流程，有效提升学生的实践操作能力。此外，企业课程开发、教师企业实践和企业导师引进等模式也得到了广泛应用。学校与企业共同开发专业课程，将行业最新的技术、理念和案例融入教学内容；学校鼓励教师到企业挂职锻炼，提升自身的实践能力和教学水平；学校聘请企业技术专家、管理人员等担任兼职教师，为学生提供专业指导，使学生能够及时了解行业动态和前沿技术。

现场考察发现，湖南省高职学校电子商务专业校企合作取得了积极进展。各学校结合自身特点和行业需求，积极探索适合本校的合作模式，形成了多元化的发展格局。订单式培养、现代学徒制、共建实训基地、企业课程开发等多种模式并存，相互补充，共同促进了人才培养质量的提升。值得关注的是，部分学校积极与知名电商平台合作，引进企业课程、师资和项目，将前沿的电商技术和运营模式引入教学；部分与地方特色产业相结合，开展农村电商培训和实践活动，帮助学生在服务地方经济发展的同时，提升专业技能；部分学校积极探索“互联网+”背景下的新教学模式，将线上学习与线下实践相结合，培养学生的自主学习和创新能力；部分学校则积极推动“岗课赛证”融合育人，将专业必修课与职业技能竞赛和证书考试联系起来，激发学生的学习兴趣和动力。这些探索不仅提升了学生的专业能力，也为其他学校的校企合作提供了借鉴。

尽管湖南省高职学校电子商务专业在校企合作方面取得了积极进展，但在实践过程中仍然面临一些深层面的矛盾制约着专业发展。首先，合作动力不足是较为突出的问题。虽然有相当比例的被访者认为企业支持校企合作“非常重要”或“重要”，但企业实际参与程度并不高。考察发现，企业参与度不高原因主要在于政策支持不足，校企合作激励力度不够；校企合作短期收益不明显，难以满足企业对经济效益的追求；沟通机制不畅，难以有效对接合作需求和信息。其次，实训条件制约是影响校企合作质量的重要因素。校内实践教学条件难以满足课程实训要求，导致学生难以获得充分的实践锻炼机会，限制了学生的技能提升。此外，部分学校缺乏仿真实训教学平台或真实训练平台，导致学生只能在理论层面学习，无法体验真实的电商运营场景，影响了学生实践能力培养。最后，经费投入不足是校企合作面临的普遍性难题。调研中部分学校反映推动产教融合、校企合作工作经费投入不足，难以支撑高质量的校企合作项目。在考察学校中，不少学校经费短缺导致部分合作项目无法持续推进，影响了合作稳定性和可持续性。

除了以上问题，还存在一些值得关注的问题：一是校企合作内容单一，大多集中在实习就业层面，缺乏对课程体系共建、教学资源共享、技术联合研发等深层次合作的探索。二是合作模式趋同，缺乏创新和特色，难以形成自身的竞争优势。三是校企合作评价体系缺失，既难以有效评估合作的成效，也无法为校企合作的改进提供依据。四是校企合作资源存在区域不平衡，经济发达地区的学校往往拥有更多的合作机会，欠发达地区的学校在合作方面则面临更多困难。这些问题需要政府、行业、社会等多方联动，才能构建一个更加健康、可持续的校企合作生态。

（二）协同育人成果显著，但分布不均现象突出

湖南省高职学校电子商务专业在协同育人方面取得了一系列成果，但同时也呈现出明显的不均衡现象。数据分析显示（见表 4.6），协同育人成效存在较大差异，一些学校表现优异，而另一些学校则有待提高。

表 4.6　湖南省认证高职学校电子商务专业协同育人等级频率

协同育人等级	频率（所）	百分比（%）	累计百分比（%）
非常低	8	29.63	29.63
较低	2	7.41	37.04
中等	5	18.52	55.56
比较高	6	22.22	77.78
非常高	6	22.22	100.00
总计	27	100.00	

根据认证数据统计，湖南省高职学校电子商务专业在协同育人方面表现出显著的分化现象。从定量指标来看（见表 4.4），27 所参与认证学校的协同育人平均得分为 6.15 分，但标准差达到 7.764，方差高达 60.285，峰度值为 5.768。数据表明，学校间协同育人水平差距较大，且数据分布具有一定集中性。进一步分析发现（见表 4.6），得分呈现明显的“哑铃形”特征：处于“非常低”等级的学校有 8 所，占比为 29.63%；处于“较低”等级的学校有 2 所，占比为 7.41%；处于“中等”等级学校为 5 所，占比为 18.52%；处于“较高”或“非常高”等级的学校各有 6 所，占比均为 22.22%。这种“哑铃形”分布特征反映出湖南省高职学校电子商务专业在协同育人方面的两极分化态势。一方面，部分学校积极创新协同育人模式，通过校企合作、产教融合等方式，提升了学生的实践能力和就业竞争力，取得了较好的成绩。另一方面，仍有相当比例的学校在协同育人方面处于探索阶段，未能充分发挥校企合作的优势。从以上分析可以看出，各学校的协同育人成果存在较大差异。部分学校能够与知名电商企业开展深度合作，构建完善的协同育人机制，学生参与真实企业项目的机会较多。另一些学校在合作中则显得较为松散，缺乏与企业的深度融合，学生实习实训机会不足。此外，部分学校在协同育人模式创新方面较为积极，在原有的“双元”育人模式、现代学徒制的基础上结合当地产业发展布局和电子商务行业发展新形态创新合作模式。但仍有部分学校在人才培养模式上仍然较为传统，缺乏实践创新，未能充分调动企业参与的积极性。

为更直观地了解高职学校在协同育人方面的实践探索，专家组选取了一些典型案例进行分析，这些案例主要从校企合作深度、产教融合机制、产业学院建设到现代学徒制试点等方面展现了学校自身的探索，也呈现出一些共性特点。

具体而言，在校企合作深度方面，部分学校普遍建立了较为稳定且深度融合的合作机制。这些学校不再仅仅停留在松散的实习合作层面，而是将企业的力量深度融入人才培养的全过程。在产教融合机制方面，一些学校探索出了独具特色的产教融合模式，有的学院已经形成了诸如“一总部二基地三中心”模式，但也有部分学校尚未形成系统化的产教融合机制。在人才培养模式创新方面，部分学校多采用“双元”育人模式或现代学徒制等形式，强调校企协同；部分学校仍以传统课堂教学为主，缺乏实践创新的支撑。在实训条件建设方面，部分学校已经建成省级及以上实训基地，提供先进的实践教学环境；但有些学校的实训条件仍然薄弱，甚至无法满足基本课程需求。根据专家组进校调研发现，58.79%的受访者认为，校内实践教学条件难以满足当前课程实训要求。这种巨大落差不仅反映了各学校在办学条件、地理位置等客观因素上的差异，也凸显了不同学校在协同育人上的重视程度、资源投入以及机制创新等方面的显著不同。更为重要的是，数据还显示出“马太效应”的趋势，即高水平学校在资源、政策和实践成果方面形成集聚效应，而其经验和做法尚未能有效推广到其他学校。这一现象如果得不到解决，可能会进一步加大学校间的差距。

在电子商务专业协同育人的实践路径方面，逐渐形成不同发展侧重点的三种类型学校。第一类是聚焦国际化导向的学校，如积极与国际电商平台合作，开展中非电商人才培训，探索国际化校企合作的创新模式。第二类是注重产教深度融合的学校，如积极实施“1+6+3”人才培养模式，由企业全程参与人才培养，显著提高学生的职业胜任力。第三类是扎根区域特色的学校，如依托当地特色农产品资源，与多家企业开展校企合作，建设农产品电商直播基地，既能服务地方经济，又能为学生提供实践平台。

总的来看，湖南高职学校电子商务专业在协同育人方面涌现出一批典型案例，这些实践从校企合作深度、产教融合机制、产业学院建设到现代学徒制试点等方面均展现了创新探索和显著成效。尽管湖南省高职学校电子商务专业在协同育人方面的探索值得肯定，但仍然面临着区域发展不平衡、合作深度不够、利益分配机制不完善等问题。这些问题不仅影响了整体的人才培养质量，也对学生的就业竞争力产生了一定程度的影响。

四、师资队伍与成果产出

高职学校师资队伍及其成果产出是提升职业教育质量和服务社会经济发展的核心动力。高水平的师资队伍不仅是保障课程教学质量的基石，也是推动教育教学改革、培养技术技能人才的重要支撑。高职学校通过加强师资队伍建设，能够吸引并培养具备专业素养和实践能力的教师，促进产教融合和校企合作的深入开展，为学生提供更优质的学习和实践平台。同时，师资队伍的科研和实践成果能够有效反哺教学，提高课程内容的前沿性和实用性，进一步提升学校的社会影响力与行业认可度。这不仅直接影响高职学校的办学水平和人才培养质量，也为区域产业发展和技术创新提供了强有力的智力支持。

（一）师资结构呈分化态势，优质资源集中度高

湖南省高职学校电子商务专业近年来在师资队伍建设方面积极作为，引进和培养了大批优秀师资，但同时也面临着结构优化的挑战。数据分析显示（见表 4.7），师资结构呈现持续优化的趋势，但各学校之间发展不平衡的问题仍然存在。

表 4.7　湖南省认证高职学校电子商务专业师资结构等级频率

师资结构等级	频率（所）	百分比（%）	累计百分比（%）
非常低	5	18.52	18.52
较低	5	18.52	37.04
中等	5	18.52	55.56
比较高	6	22.22	77.78
非常高	6	22.22	100.00
总计	27	100.00	

数据显示，湖南省高职学校电子商务专业的师资队伍建设呈现出显著的两极分化特征。通过对 27 所学校的师资结构等级分析发现，有 12 所学校（占比为 44.44%）达到“比较高”和“非常高”水平，但同时也有 10 所学校（占比为 37.04%）处于“非常低”和“较低”等级，形成了明显的“双峰”分布。这种分化态势反映出优质师资资源在少数学校集中的现象。师资结构得分的分布进一步验证了这一特征（见表 4.8）：平均分为 7.26 分，但标准差高达 7.367，变异系数超过 100%，表明各校之间差异较大。同时，偏度值为 2.209 的高度正偏态分布说明大多数学校得分较低，只有少数学校获得了较高分数。最高分与最低分的巨大差距，凸显了湖南省高职学校师资建设水平的显著分化。

表 4.8 湖南省认证高职学校电子商务专业师资队伍描述性统计

	师资结构	师资结构等级	素质能力	素质能力等级	成果产出	成果产出等级
平均值	7.26	3.21	10.759	3.29	71.44	3.18
众数	3	4[a]	0	3[a]	37[a]	5
标准差	7.367	1.524	12.7199	1.584	55.261	1.467
方差	54.276	2.323	161.796	2.508	3053.795	2.152
偏度	2.209	-0.052	1.820	0.154	1.383	-0.181
峰度	3.913	-1.181	3.081	-0.487	2.158	-1.346
最小值	3	1	0	1	2	1
最大值	30	5	50.0	5	240	5

注：a 代表存在多个众数，显示了最小值。

近年来，部分高职学校在师资结构优化方面取得了明显进展，包括专任教师数量逐年增加、职称结构优化等。尽管专任教师数量在增加，但在部分非省会城市的学校，招聘和留住高层次教师仍面临困难，区域间师资水平差距依然存在。职称结构优化的进程也可能受制于职称评定名额的限制，需要通过政策突破和机制创新加以改善。未来，这些学校还需进一步加强教师职业发展支持和激励机制建设，持续推动师资队伍结构的优化和提升，为高职教育的高质量发展提供有力保障。

硕士及以上学历教师比例显著提升。例如，部分学校拥有硕士学位的教师从 2017 年的 12 人增加到 2023 年的 36 人，一些学校 2023 年拥有硕士学位的教师占比达到了 85.7%。然而，高学历教师比例在部分非省会城市或经济欠发达地区的高职学校中仍然偏低。受限于地理位置和资源条件，这些学校面临吸引和留住高学历教师的挑战。

“双师型”教师队伍建设卓有成效。部分学校“双师型”教师比例已达到 92.9%，稍弱一点的学校也达到了 78.7%（见图 4.1）。尽管部分学校的“双师型”教师比例较高，但仍需关注“双师型”教师的培养质量和能力深度，确保其实践经验能够与电子商务领域快速发展的新趋势保持同步。此外，对于“双师型”教师比例偏低的学校，需要进一步加强相关政策支持和机制保障，如定期组织教师赴企业实践、引入更多具备行业经验的高层次人才以及完善“双师型”

教师的职业发展通道，以全面提升“双师型”教师队伍的整体水平，助力高职学校电子商务专业的高质量发展。

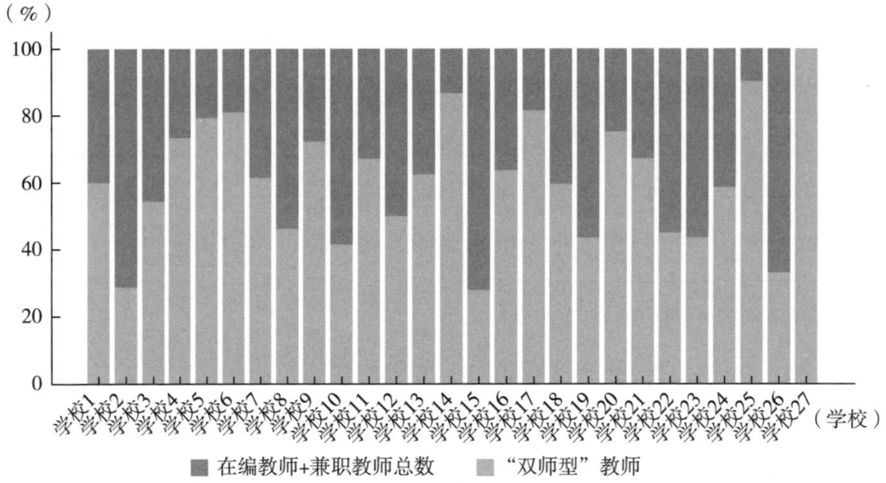

图 4.1　湖南省认证高职学校电子商务专业在岗教师与“双师型”教师比例

同时，师资结构的不平衡现象也值得关注，部分学校专任教师数量仍然不足（见图 4.2）。这种结构性问题的长期存在还可能导致教师队伍梯队建设的断层，年轻教师培养和高水平骨干教师储备不足，影响学校在电子商务领域内形成竞争优势。此外，专任教师不足的问题在“双高计划”建设学校中也并未完全解决，有些院校甚至通过将思政课和公共课教师纳入统计数据等方式以此“优化数据”的现象，进一步掩盖了专业教师资源短缺的深层问题。这种“表面优化”并未触及问题的根本，反而可能导致学校在师资队伍建设上的投入动力不足。

图 4.3 的数据显示，部分学校高级职称教师比例偏低，反映了湖南省高职学校电子商务专业在师资队伍建设上的深层次短板。这一现象不仅限制了学校在教学改革、课程开发和学术研究等方面的能力提升，导致学校在专业建设过程中难以满足“双高计划”建设和专业认证的要求，弱化学校在教育资源竞争中的地位，影响专业品牌的提升和对学生的吸引力。同时，缺乏足够的高级职称教师队伍，也会影响高职学校产教融合、校企合作实效，或许会成为制约专业发展的重要挑战。

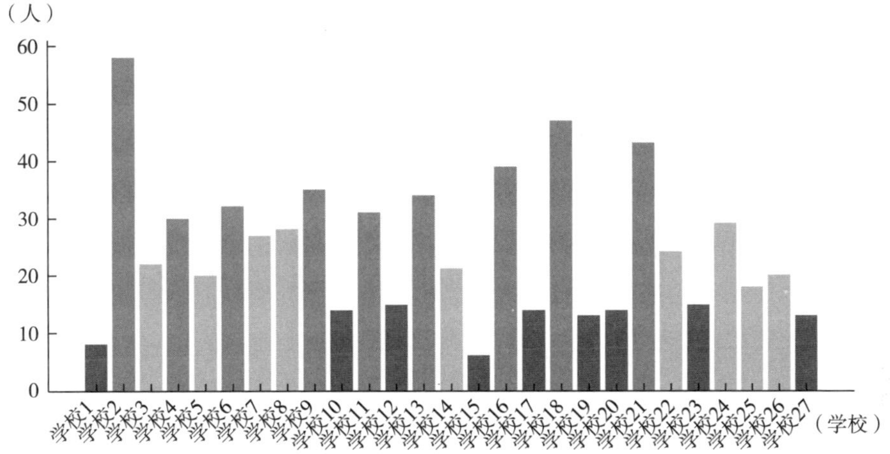

图 4.2　湖南省认证高职学校电子商务专业专任教师数量

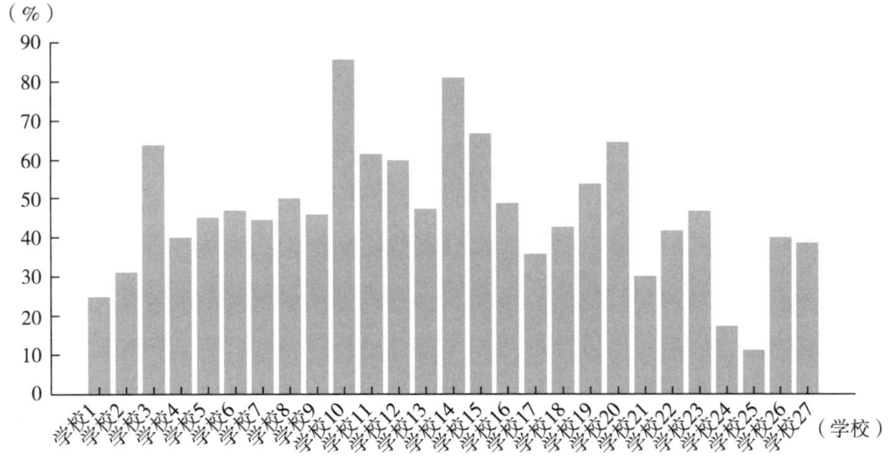

图 4.3　湖南省认证高职学校电子商务专业高级职称教师比例

有博士学位的教师数量普遍较少（见图 4.4），导致电子商务专业在课程设置和教学内容上无法紧跟行业发展需求，更难以参与高水平科研项目和产出有竞争力的研究成果。此外，高学历教师的缺乏也制约了学校在校企合作和产教融合中作用的发挥。企业往往更愿意与具有较强研发能力和理论水平的团队合作，而高学历教师的缺乏直接削弱了学校与企业深度合作的能力，影响了专业的实践教学效果和学生的就业竞争力。

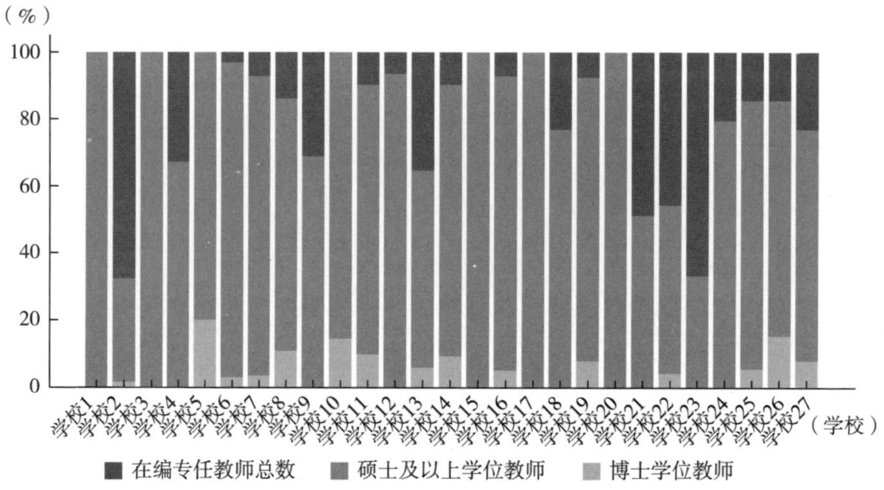

图 4.4　湖南省认证高职学校电子商务专业教师的学位占比情况

不同学校间的师资数量差异较大。参与认证的学校中，部分学校 2023 年专业课教师数量达到 56 名，而有的学校仅有 6 名专业课教师，尽管可能存在各学校统计口径上的差异性，但如此大的数量差别也反映着师资队伍的不均衡导致专业发展的层次性。此外，企业专家参与度不足在师资数量上也有所反映，部分学校在聘请企业专家参与教学方面还有提升空间。数据显示（见图 4.5），其中 5 所学校没有聘请企业专家参与教学，10 所学校聘请的企业专家人数未超过 5 人。

总的来说，湖南省高职学校电子商务专业的师资结构虽然在持续优化，但发展不平衡的问题仍然存在。未来需要进一步加强高层次人才引进，提高专任教师数量，优化职称结构，提升学历水平，加强“双师型”教师培养，并注重学校间的均衡发展。同时，应加大企业专家的引入力度，促进理论教学与实践教学的有机结合，提升教学质量。

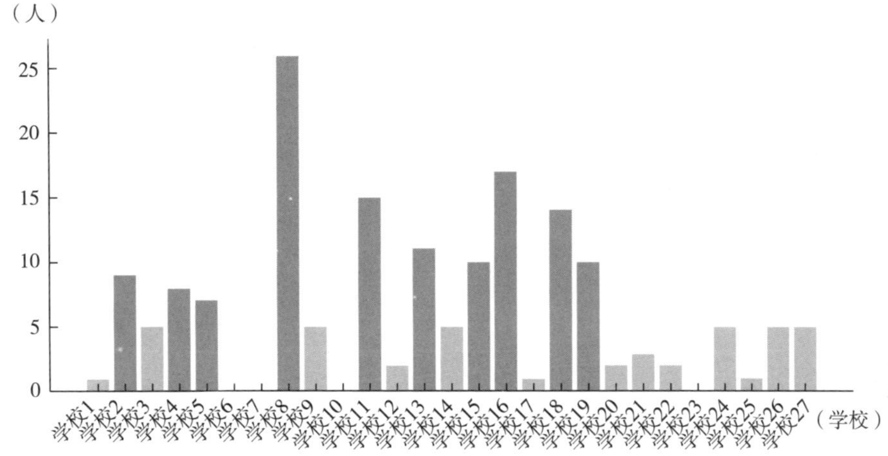

图 4.5　湖南省认证高职学校电子商务专业中担任教学工作的企业专家人数

(二) 教师素质能力稳步提升，但高层次人才储备不足

湖南省高职学校电子商务专业教师的素质能力总体呈现多元化发展趋势，但水平参差不齐，存在一定差距。一些重点学校的教师具备较高的理论水平和丰富的实践经验，能够紧跟行业发展趋势，积极探索电子商务领域的新模式、新技术，并在教学中融入实战案例，为学生提供贴合行业需求的教学内容。然而，一些普通高职学校的教师在实践经验、产业视野及信息化教学能力方面有所欠缺，难以完全满足电子商务专业对实用性和前瞻性的要求。这种差异一方面源于区域经济发展和学校资源的差距，另一方面也与教师的进修机会、企业实践参与度及行业最新动态的掌握程度密切相关。

从师资队伍素质能力维度分析，数据呈现出更为复杂的图景。表 4.8 显示，素质能力得分的平均值为 10.759，标准差为 12.7199，变异程度更大。素质能力得分的众数为 0，说明相当一部分学校在师资的整体素质能力方面仍然薄弱。最高分 50 分与最低分 0 分之间的极端对比，反映出各校师资队伍素质能力发展的严重不均衡。通过交叉分析发现，即便在师资结构较好的学校中，其师资队伍的素质能力也并非都达到了相应水平。这表明单纯依靠扩充师资数量或调整结构并不足以提升整体教学水平，师资队伍的能力建设和素质提升仍然任重道远。

近年来，湖南省高职学校采取了多种措施不断提升专任教师的素质能力，但在高层次人才储备方面仍面临挑战。数据分析和专家考察结果都显示，电子商务专业的教师素质能力在不断提升，但不均衡的现象依然存在。从素质能力等级分布来看（见表 4.9），“非常低”“较低”与“中等”等级的学校占 55.56%，“比较高”“非常高”的学校占 44.44%。这表明近半数的学校在教师素质能力方面已达到较高水平，但仍有超过一半学校的教师素质能力有待进一步提高。表 4.8 显示，素质能力等级的平均值为 3.29，标准差为 1.584，反映出各校之间存在较大的差异。

表 4.9　湖南省认证高职学校电子商务专业素质能力等级频率

素质能力等级	频率（所）	百分比（%）	累计百分比（%）
非常低	5	18.52	18.52
较低	4	14.82	33.34
中等	6	22.22	55.56
比较高	6	22.22	77.78
非常高	6	22.22	100.00
总计	27	100.00	

湖南省认证高职学校电子商务专业教师素质能力得分如图 4.6 所示。

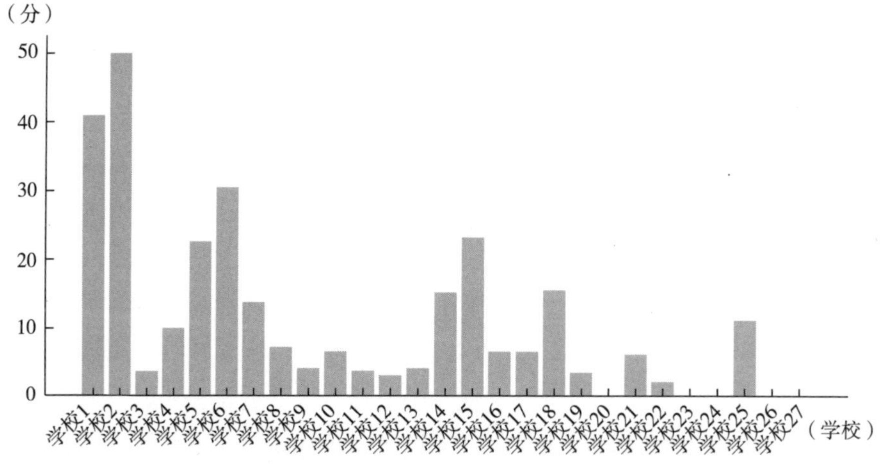

图 4.6　湖南省认证高职学校电子商务专业教师的素质能力

在专家考察环节发现，部分学校在师资队伍建设策略和教师职称晋升机制方面进行了创新。例如，某校采用“以老带新”的柔性引进方式，既注重年轻教师的发展，也重视经验丰富的老教师的作用，柔性引进专业领域的知名教授，按照聘期任务指导青年教师的教学与科研。该校还采用“教学科研型”和“教学为主型”两个赛道的晋升机制，体现了对不同类型教师的合理定位和发展支持。这些举措不仅有利于吸引和留住人才，还为教师的职业发展提供了多元化的路径。

然而，高层次人才储备不足的问题仍然突出。参与认证的所有学校均没有全国教学名师等国家级领军人才，芙蓉学者和芙蓉教学名师等省级人才的数量也非常有限。部分学校还面临专业带头人流失后的可持续发展问题，如某学校在原专业带头人离职后，出现了人才梯队接续的挑战。这反映出高层次人才的引进和培养仍是一个亟待解决的问题。此外，教师科研能力的提升也是一个需要关注的方面。职业教育高质量发展必然要求教师不仅要精进教学，也须具备一定的科研能力。专业高层次人才的不足就难以把握科研方向、科研选题和科学研究范式与科研成果表达，也制约着专业发展的后劲，这在师资数量不足和师资素质偏弱的学校中表现得尤为明显。

总的来说，湖南省高职学校电子商务专业教师的素质能力虽然在稳步提升，但高层次人才储备仍显不足。未来需要进一步加强高层次人才的引进和培养，特别是在国家级人才、高层次学者和技能大师等方面。同时，应继续推进教学团队建设，完善教师职称晋升机制，加强人才梯队建设，提升教师的科研能力。此外，还需要关注发展的均衡性，帮助更多学校提升教师素质能力，缩小校际差距，确保电子商务专业的可持续发展。这不仅关系到教师个人的成长，也直接影响到教育质量的提升和学生的培养质量。只有不断提高教师队伍的整体素质，才能为电子商务专业的发展奠定坚实的人才基础，为湖南省高职教育的发展作出更大贡献。

（三）教师成果类型丰富，但高水平成果有待增加

近年来，湖南省高职学校电子商务专业教师在教学科研方面不断发力，但高水平成果占比仍有待提高。根据统计数据（见表 4.8），教师成果产出的平均值

为 71.44，成果产出等级均值为 3.18，处于中等偏上水平。然而，成果产出的众数为 37，标准差为 55.261，方差为 3053.795，表明教师成果产出存在较大差异；偏度值为 1.383，峰度值为 2.158，反映出成果产出呈现正偏态分布。从表 4.10 中可以看出，少数教师取得了突出成绩，而大多数教师的成果产出仍有提升空间。

表 4.10 湖南省认证高职学校电子商务专业成果产出等级频率

成果产出等级	频率（所）	百分比（%）	累计百分比（%）
非常低	5	18.52	18.52
较低	5	18.52	37.04
中等	5	18.52	55.56
比较高	6	22.22	77.78
非常高	6	22.22	100.00
总计	27	100.00	

教师成果类型多样，涵盖教学、科研和实践等方面（见图 4.7）。在教学比赛方面，参与认证学校的教师在省级以上教学能力大赛、信息化教学大赛等赛事中共获奖 147 项，其中一等奖 33 项，二等奖 50 项，三等奖 64 项，获得省级以上教学成果奖 39 项，体现了教师在教学能力方面的持续提升。在科研成果方面，经过对各高职学校科研成果的统计发现，参与认证学校的教师发表论文 285 篇，其中北大中文核心期刊论文 54 篇，SCI/SSCI/A&HCI 收录论文 31 篇，显示了一定的科研实力。在专利成果方面，参与认证学校的教师共获得授权专利 166 项，其中发明专利 9 项，实用新型专利 143 项，外观设计专利 14 项。尽管成果总量可观，但高水平成果占比仍有待提高，成果质量的提升仍面临挑战。SCI 等高水平论文占比仅为 10.9%，发明专利仅占专利总数的 5.4%，且成果产出的校际差异明显。

在新兴领域和数字转型方面，教师也积极响应时代需求，产出了一系列具有前瞻性的成果。A 校的“基于大数据的智慧教育体系研究与实践”，B 校开发的“计算机电子商务交易管理软件”，以及 C 校的“跨境电商视觉营销设计”等成

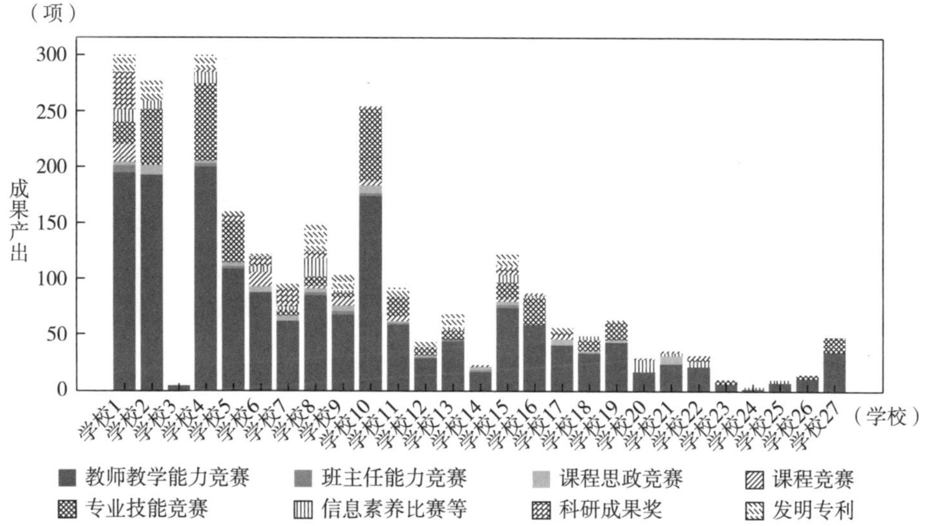

图 4.7　湖南省认证高职学校电子商务专业成果累计分布

果，都反映了教师在适应新技术、新业态方面的探索和努力。这些成果不仅提升了教学质量，也为电子商务专业的未来发展指明了方向。

不同学校的师资结构在一定程度上也体现出成果类型的差异。某校拥有较高比例的“双师型”教师（92.9%），其教师在实践类成果方面表现突出，如获得多项省级生产性实习实训基地项目。而某校硕士及以上学历教师的比例较高（76.6%），其教师在教学成果方面表现较好，如在全国商贸类专业教师教学能力大赛中获得多项一等奖。可见合理的师资结构对于提升教师成果的质量和多样性具有重要意义。

部分学校的教学成果充分体现了服务于当地行业与产业的区域特色，并展现了国际化视野。例如，某学校的“乡村振兴背景下短视频营销推广与实践”成果，体现了对本地农村电商的关注和支持，为推动当地经济发展作出了贡献。某学校的“跨境电商产品定价与发布”研究则反映了该校在国际化方面的探索，为培养具有国际视野的电子商务人才提供了支持。这些成果不仅提高了教学质量，也增强了学生的就业竞争力。

专家组走访发现，湖南省高职学校电子商务专业在师资队伍建设方面存在以下共性问题：一是生师比普遍偏高。即便在部分“双高计划”建设学校，专业课教师与学生比例也达到 30%以上，远超合理标准。部分高职学校通过将思政课、公共课教师纳入教师队伍，但实际专业教师数量仍然不足，这一问题在非省会城市的学校表现得尤为突出。二是教学方式亟须改进。多数学校的教师虽具备扎实的专业功底，但教学方式仍偏传统，已建设的信息化教学资源未能充分运用，课堂互动性不强，“以学生为中心”的理念未能很好落地。三是科研能力不足。除少数高职学校外，大多数学校教师在高水平论文发表、教科研成果产出等方面存在明显短板，成果大多集中在关键员工。同时，教师主动寻求外部科研资源的积极性不高，团队协同创新意识不强。四是职业发展通道单一。多数学校过度依赖职称评定作为教师发展的主要路径，但受限于学校职数等客观条件，往往难以满足教师的晋升需求，影响工作积极性。特别是在经济欠发达地区的学校，由于缺乏有效的激励机制，教师专业发展动力不足。五是专业认同感有待提升。部分学校出现同一教师兼任多个专业教学任务的现象，教师对电子商务专业的归属感不强。同时，随着专业定位的调整，教师队伍对未来发展方向的认识不够统一，传帮带机制逐渐弱化，影响团队的凝聚力。

这些问题可能导致湖南省高职学校电子商务专业的整体教学质量和人才培养效果受限，具体表现为学生实践能力不足、就业竞争力下降，影响专业对产业需求的响应速度。同时，师资短缺和教学方式滞后可能削弱课堂教学的吸引力和实效性，进一步制约学生的学习体验和成长。此外，科研能力不足和职业发展通道单一限制了教师的专业成长和创新潜力，导致教师工作积极性下降，难以形成高效的教学与科研联动效应。特别是在经济欠发达地区，教师流失和团队凝聚力不足的问题可能加剧，使专业的发展动力和可持续性受到严重影响，从而制约区域职业教育与产业发展的协同进步。

五、支撑条件与教学设施

支撑条件与教学设施是保障高职学校教育教学质量的重要基础，也是培养高素质技术技能型人才的关键环节。完善的支撑条件和先进的教学设施能够有效提升教学效果，推动课程内容与行业需求的深度对接，同时增强学生的实践能力和就业竞争力。

（一）教学经费稳中有升，但总体投入不足

教学经费是人才培养的基本保障。专业建设、教学日常运行、实践教学、教学设施设备、图书资料和其他教学支持条件更新均需要持续的经费投入，才能保证专业建设紧跟技术变革与时代发展方向，提升高职学校的人才培养质量。统计数据显示，2023 年全国教育经费总投入为 64595 亿元，比 2022 年增长 5.3%，其中普通高职高专教育经费总投入为 3630 亿元，比 2022 年增长了 7.1%。根据湖南省 2024 年部分高职学校收入预算统计可知，湖南省高职学校 2024 年收入预算与办学经费稳中有升，但部分学校增幅并未超过全国均值。数据显示（见表 4.11），2024 年，长沙商贸旅游职业技术学院、湖南汽车工程职业学院、湖南交通职业技术学院、湖南工业职业技术学院等“双高计划”学校的收入预算均为增长趋势，并集中在 2 亿~4 亿元，整体高于湖南省非“双高计划”学校的平均水平。

表 4.11　2024 年湖南省部分高职学校收入预算　　单位：万元

学校名称	收入预算	增减情况	学校名称	收入预算	增减情况
湖南商务职业技术学院	16175.60	-896.59	湖南信息职业技术学院	27785.70	-3271.98
湖南外贸职业学院	14666.20	-1123.82	湖南理工职业技术学院	9074.65	+261.91
* 长沙商贸旅游职业技术学院	22805.0	+1414.60	* 湖南交通职业技术学院	31827.61	+399.49
湖南财经工业职业技术学院	18267.14	+634.35	湖南大众传媒职业技术学院	21710.37	+633.38
* 湖南汽车工程职业学院	30255.81	+216.49	湘西民族职业技术学院	4680.80	0
益阳职业技术学院	13836.93	+1947.63	湖南机电职业技术学院	24038.11	-4977.80
* 长沙民政职业技术学院	38789.89	+2979.02	常德职业技术学院	47983.11	+5648.92
湖南现代物流职业技术学院	13461.75	-953.54	长沙环境保护职业技术学院	16985.90	-585.80
* 湖南工业职业技术学院	27455.44	+1131.10	郴州职业技术学院	18576.30	+2732.47
* 湖南铁道职业技术学院	25569.74	+581.75	湖南电气职业技术学院	11153.60	-23.07

注：* 为“双高计划”入选学校。

资料来源：各学校 2024 年单位预算公开信息。

目前，湖南省高职学校电子商务专业经费投入主要在教学设备与设施、课程

设计与教材开发、师资培训、学生实习与实践四个方面。在教学设备和设施方面，电子商务专业教学经费主要用于购置计算机、服务器、电子商务平台软件等设备，用于物流系统、支付系统、客户管理系统等实训室建设，以及高速互联网连接、校园内电商平台测试环境的搭建等；在课程设计与教材开发方面，经费主要用于开发跨境电商、数据分析等新兴领域课程，编写反映行业最新趋势和技术的教材；在师资培训方面，由于电子商务领域变化迅速，学校需要支持教师参加行业会议、外出学习培训或与电商企业合作；在学生实习与实践方面，经费主要用于实习基地建设与维护及创业孵化器或创新项目开发。

电子商务认证专家组考察发现，湖南省高职学校电子商务专业教学经费投入仍然面临五个方面的挑战。第一，教学经费投入不足导致设备更新缓慢。尽管数字技术赋能电子商务行业进程加快，但部分学校无法及时引入最新的跨境电商平台、人工智能工具或大数据分析系统，因而学生在数字电商、直播电商上的学习体验大打折扣。第二，师资培训资金不足，教学内容更新不及时。当学校囿于经费不足缺乏系统的教师进修支持，教师的专业水平难以跟上行业发展的步伐，导致教学内容落后于实际应用。那么，针对大数据、电商直播、跨境电商等新兴领域的课程往往无法及时推出，学生学习到的内容可能滞后于市场需求。第三，实习实践经费不足，校企合作投入有限。尽管实习实践是电子商务专业的重要组成部分，但部分学校仍缺少实习实践支持体系，无法为学生提供充足的企业实践机会。由于湖南并非电商强省，加之校企合作经费限制，导致部分学校无法与优质电商企业建立或维持长期、深入合作关系，校企互动不够频繁。第四，创新创业支持有限。由于电子商务专业具备较强的市场属性，学生大多倾向毕业后直接就业或创业。但是有限的创新创业项目资助，使很多学生无法获得充分的支持，不利于学生创业意识与创新能力的培养。第五，校企合作支持经费不足。部分学校在学校经费预算中设有校企合作的专项经费，有些学校则需要各个专业自己筹措经费，在某些财务状况较紧张的学校，经费不足甚至影响到实习实践的正常运行。电子商务作为一个实践性专业，不仅需要购买模拟交易平台、数据分析软件等实习实训设备，还需要通过校企合作参与实际项目锻炼学生的实践能力。但学校聘请行业大师或培养高水平教师来充实师资队伍，均离不开充裕的资金做支撑。由于受经费限制，高职学校难以承担高水平的科研项目，也难以支持师生进行创新实践，限制了电子商务专业的学术水平和影响力，也影响了其在行业中的竞争力。

（二）教学设施基本齐全，但更新速度较慢

教学设施作为学校支持条件的重要组成部分，在高等职业教育中扮演着至关重要的角色，不仅包括物理空间，如教室、实验室和图书馆，还包括教学设备、信息技术资源和学习材料等。这些设施的完善程度直接影响到教学的质量和效率，进而对学生的专业技能培养和综合素质提升产生深远影响。由此可见，搭建适应专业建设与发展的教育教学设施管理、维护、更新和共享一体化平台，是提供高质量高等职业教育的基础。

表 4.12 中的数据显示，高职学校电子商务专业教学设施平均分为 1.74，标准差为 2.347，方差为 5.507，表明全省高职学校在教学设施方面相对集中，离散程度不大；偏度值为 1.07，即少数结果远高于平均水平；峰度值为-0.35，数据分布的尖峰状态较低，频数分散。认证考察中也显示出湖南省高职学校电子商务专业教学设施基本满足办学条件。在基础设施方面，大部分高职学校配备了基础电子商务实训室，计算机服务器、电子商务平台模拟软件、客户管理系统、供应链管理系统等，用于支持学生的实践教学。在实训实践平台方面，部分高职学校开始建设和运营校内电子商务模拟平台或实验性网店，以便学生在校内模拟实际电子商务运营流程，支持学生练习在线交易、物流管理、客户服务、网络营销等电商核心技能。在校企合作设施方面，部分学校通过与阿里巴巴、京东等电商平台进行合作，建立了实训基地或开展企业项目实训，为学生提供短期的培训和实战经验。

表 4.12　湖南省认证高职学校电子商务专业教学设施及其等级统计

	教学设施	教学设施等级
平均值	1.74	2.63
标准差	2.347	1.779
方差	5.507	3.165
偏度	1.07	0.257

续表

	教学设施	教学设施等级
峰度	-0.35	-1.884
最小值	0	1
最大值	7	5

对教学设施分数进行等级赋分，为考察高职学校教学资源配置情况提供了另一参考坐标系。表4.13中的数据显示，处于“非常低”等级的学校为14所（占比为51.9%）、“一般”等级为1所（占比为3.7%）、“比较高”等级为6所（占比为22.2%）、“非常高”等级为6所（占比为22.2%）、“比较低”等级为0，说明湖南省高职学校电子商务专业在教学设施建设方面尚有很大的提升空间。特别是虚拟仿真中心、技能大师工作室、国家级实训基地、示范性虚拟仿真实训基地、国家级示范性教师企业实践流动站等高显示度的平台设施主要集中在省内电子商务实力较强的高职学校，整体平台建设悬殊差异较大。

表4.13　湖南省认证高职学校电子商务专业教学设施等级频率

教学设施等级	频率（所）	百分比（%）	累计百分比（%）
非常低	14	51.85	51.85
一般	1	3.71	55.56
比较高	6	22.22	77.78
非常高	6	22.22	100.00
总计	27	100.00	

专业认证专家组调查发现，42.31%教师认为“实训条件”是影响电子商务人才培养质量最为关键的因素，58.79%教师认为校内实践教学条件难以满足课程实训要求，58.24%教师所在学校缺乏仿真实训教学平台或真实训练平台。由此可见，实训条件与设施更新已经成为制约湖南省高职学校电子商务专业发展的重要因素。

当前，湖南省高职学校电子商务专业普遍面临着专业设施建设和教学资源投入不足的问题。一是设备更新滞后，学校难以及时引进最新的计算设备、云服务工具或行业软件，使学生在数字电商实践过程中无法接触到最新的技术和操作平台；二是跨境电商平台、供应链管理的智能化工具以及大数据分析工具等新兴技术工具缺乏，限制了学生对实际电商行业环境的理解和掌握；三是许多学校的实训室只能支持基础的网上交易模拟，无法深入体验物流、支付、客户关系管理等重要环节；四是湖南省高职学校电子商务专业教育资源分布不均，经济较发达城市拥有较好的电子商务教学资源和设施，但偏远地区学校电子商务教学设施建设明显滞后。这种不平衡导致部分学生在硬件设施和教学资源方面处于劣势，难以获得与经济较发达城市同等的学习实践条件。总体而言，实训室、计算机实验室等硬件设施更新缓慢，教材、软件工具、模拟仿真平台等教学资源无法适应快速发展的电商行业需求，在一定程度上限制了学生的实践操作机会，减弱了学生理论与实践相结合的能力，影响了学生的就业竞争力和专业发展。

六、学生发展与就业质量

高职学校学生的发展与就业质量直接关系到职业教育的成效和社会经济的可持续发展。学生发展不仅体现了职业教育培养高素质技术技能人才的核心目标，更是实现个人价值和社会价值相统一的重要途径。高质量就业是学生职业能力、职业精神和市场适应能力的集中体现，也是衡量高职学校办学水平和服务社会能力的重要标志。通过推动学生的全面发展和高质量就业，高职学校能够更好地满足产业转型升级对技术型人才的需求，同时为学生个人职业生涯提供坚实保障。这不仅提升了职业教育的吸引力与社会认可度，还为区域经济和社会发展注入了源源不断的活力，彰显了职业教育作为国家发展战略的重要地位。

（一）学生发展趋向多元，但培养质量有待提升

高职学校电子商务专业的学生需要良好的人文素养、职业道德和创新意识，精益求精的工匠精神，掌握较为系统的基础理论知识和技术技能，具有一定的创新创业能力和较强的可持续发展能力。目前，该专业培养方向日趋多样化，涵盖了电商运营、网络营销、跨境电商、数据分析、物流管理、直播电商等多个领

域，其培养目标是使学生能够在不同的电子商务岗位上快速上手工作，紧跟行业趋势，并适应市场的变化需求。

近年来，湖南省高职学校电子商务专业学生的培养质量不断提升。表 4. 14 中的数据显示，电子商务专业学生获国家奖学金 66 人次、获国家励志奖学金 1290 人次、省级以上奖励 153 人次、省级优秀毕业生 499 人次，职业资格证书和技能证书获证率为 57. 26%，体质测试达标率为 93. 2%，就业去向涵盖电商运营、网络营销、客服、跨境电商、数据分析、新媒体运营、直播电商、物流管理等领域。但是，在认证学校的电子商务专业学生中，专升本人数占电子商务在学人数比例仅为 1%，低于全省平均水平，仍需加强高层次、高技能型电子商务人才培养。

表 4. 14　湖南省认证高职学校电子商务专业学生发展概况

国家奖学金人数（人）	国家励志奖学金人数（人次）	省级优秀毕业生人数（人次）	省级以上奖励人数（人次）	专升本占比（%）	职业资格证书和技能证书获证率（%）	体质测试达标率（%）
66	1290	499	153	1	57. 26	93. 20

根据湖南省认证高职学校电子商务专业的学生培养质量数据统计（见表 4. 15），27 所高职学校电子商务专业学生培养质量平均值为 51. 74，等级均值为 3. 11。这表明电子商务专业的培养质量整体上处于中等偏上的水平；众数为 21，意味着大多数评价集中在较高质量等级；标准差为 48. 239，方差为 2327. 046，表明学生培养质量的离散程度非常大；偏度值为 3. 336，峰度值为 13. 259，表明培养质量结果呈正偏态分布，且具有极高的尖峰状态和集中频数，反映出湖南省电子商务专业人才培养存在高显示度成果，在教育模式、创新创业与学生竞赛方面取得显著成就。

表 4. 15　湖南省认证高职学校电子商务专业学生培养质量描述统计

	培养质量	培养质量等级
平均值	51. 74	3. 11
众数	21[a]	4[a]

续表

	培养质量	培养质量等级
标准差	48.239	1.45
方差	2327.046	2.103
偏度	3.336	-0.126
峰度	13.259	-1.329
最小值	11	1
最大值	258	5

注：a 代表存在多个众数，显示了最小值。

对培养质量分数进行等级赋分发现（见表 4.16），培养质量等级频率进一步揭示了高职学校电子商务专业人才培养质量分布情况。其中，“非常低”与“比较低”等级共有 10 所学校，占比达到 37.0%，这表明部分高职学校培养质量仍有较大提升空间；“中等”等级以上学校有 17 所，占比高达 62.9%，这说明大部分学校培养质量处于较好水平，特别是在学生竞赛成绩等指标上表现出色。

表 4.16　湖南省认证高职学校电子商务专业培养质量等级频率

培养质量等级	频率（所）	百分比（%）	累计百分比（%）
非常低	5	18.52	18.52
比较低	5	18.52	37.04
中等	5	18.52	55.56
比较高	6	22.22	77.78
非常高	6	22.22	100.00
总计	27	100.00	

尽管湖南省高职学校电子商务专业的人才培养质量总体较好，但人才培养与实际职业需求之间仍然存在不完全匹配的问题。目前，高职学校电子商务专业主要有三类培养方向：一是网络直播与电商外贸方向，培养的是一线电商平台营销人才；二是以计算机科学为代表的技术方向，培养的是电子商务运营人才；三是以经济管理为基础的管理方向，培养的是电子商务管理人才。认证考察发现，学校的人才培养目标缺乏清晰定位，导致对接行业企业需求的精准性不足；高职学

校电子商务专业课程设置仍然偏理论轻实践，“理实”一体教学体系亟待完善；实践教学资源不足、师资力量亟须加强、与市场需求的匹配度不高等问题依然存在，这些均成为今后高职学校人才培养质量提升的方向。

（二）就业质量稳中向好，但就业能力需巩固增强

湖南高职学校电子商务专业毕业生具备扎实的实践操作能力和较为明确的职业定位，使他们在就业市场上具备较强的竞争力。参与认证的高职学校电子商务专业毕业生初次就业率为 80%~90%，年终就业率为 95%左右，总体态势稳中向好，如图 4. 8 所示。

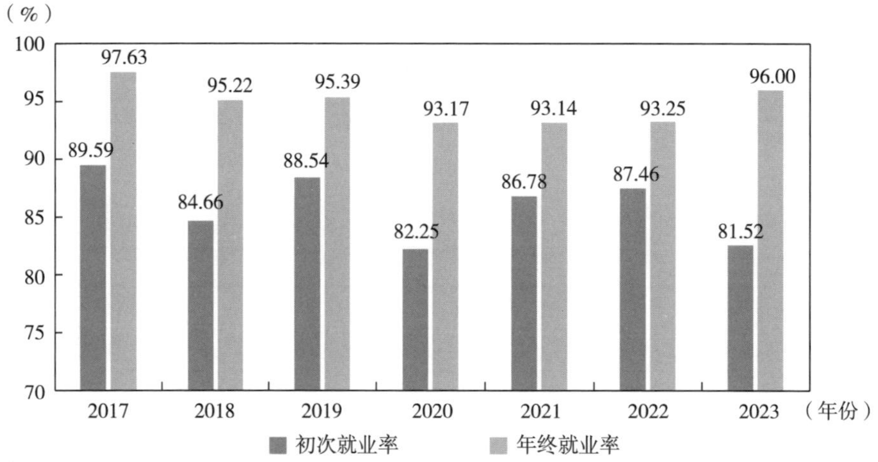

图 4. 8　2017~2023 年湖南省认证高职学校电子商务专业毕业生就业率

在满意度方面，湖南省认证高职学校电子商务专业的学生就业满意度为 95. 11%（2017 年）、93. 96%（2018 年）、87. 15%（2019 年）、89. 90%（2020 年）、90. 98%（2021 年）、88. 47%（2022 年）、97. 00%（2023 年）；用人单位满意度为 96. 07%（2017 年）、95. 85%（2018 年）、95. 57%（2019 年）、97. 56%（2020 年）、97. 09%（2021 年）、97. 01%（2022 年）、95. 00%（2023 年）（见图 4. 9）。总的来说，高职学校电子商务专业毕业生在就业市场上具有较强的竞争力，用人单位对其评价较高，这源于他们扎实的实践能力、较高的职业

素养及具有紧跟行业发展的技能。

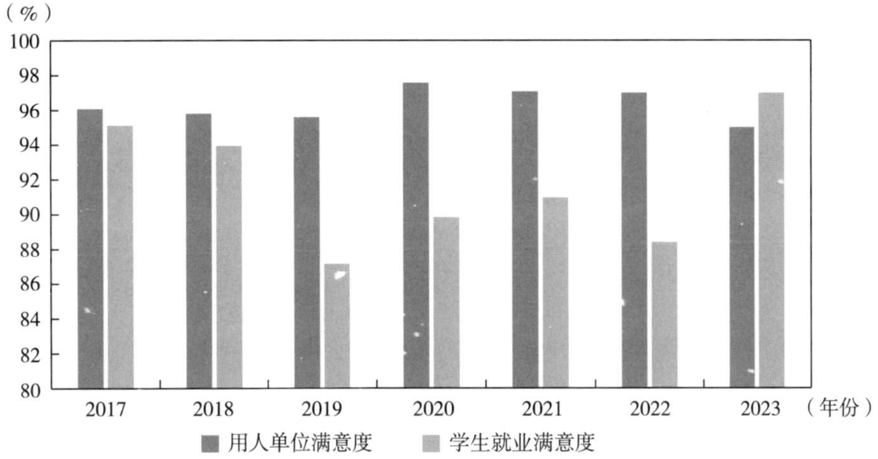

图 4.9　2017~2023 年湖南省认证高职学校电子商务专业毕业生就业满意度与用人单位满意度

专家考察发现，尽管毕业生就业率较高，具有熟练使用电商平台、掌握网络营销、直播运营、跨境电商等技能，但是面对电子商务行业的快速发展，电子商务毕业生就业能力仍有待夯实。特别是社交电商、直播电商、跨境电商等新兴领域发展迅猛，电商市场对电商运营、网络推广、数据分析、物流管理等人才岗位需求量增大，高职学校电子商务专业毕业生就业能力与行业需求须进一步匹配。高职学校电子商务专业毕业生不仅需要扎实的专业技能，还必须具备较强的数字化运营、创新应变、客户管理、跨境电商、物流管理等能力，确保自身在未来就业市场中的竞争力。

七、质量保障与评价体系

高职学校质量保障与评价体系是确保职业教育高质量发展的关键环节，对培养符合社会需求的技术技能型人才具有重要意义。通过科学、全面的质量保障和评价体系，学校可以及时发现教学、管理和服务中的不足，不断优化教育资源配置、完善课程设计和提升教学水平，从而推动人才培养与市场需求的精准对接。这一体系的建立不仅是衡量学校办学水平的客观依据，也是促进学校持续改进、提高办学质量的重要工具。同时，质量保障和评价体系还能增强社会对职业教育的信任与认可，助力职业教育形成良性发展循环，为经济社会提供稳定、高效的人才支持。

（一）内部监控有效运行，但数字赋能有待加强

为保障高职学校电子商务专业毕业要求的达成，建立专业内部质量保证体系以及教学质量监控与评价机制至关重要。借助数字技术的有效应用，高职学校可以在各主要教学环节进行实时监控和常态化评价，确保教学质量的持续提升。根据专业技能内部抽查评价合格率数据（见图 4. 10），湖南省高职学校电子商务专业技能内部抽查评价合格率长期高于 98%，说明高职学校电子商务专业内部监控评价体系已经成为确保教学质量和人才培养目标达成的重要机制。

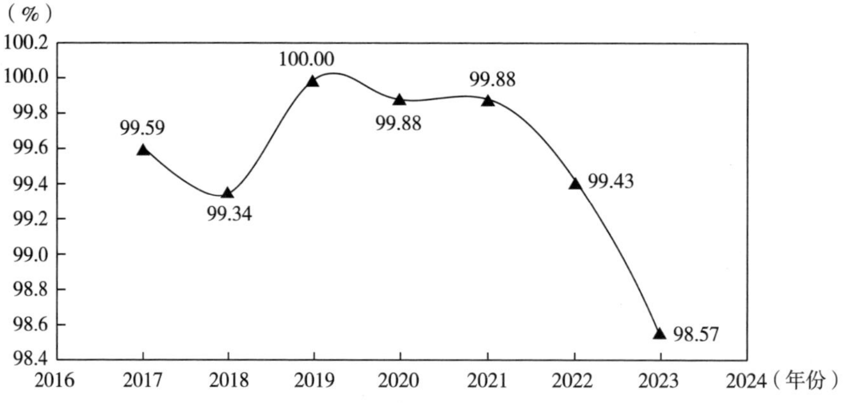

图 4. 10　2017~2023 年湖南省认证高职学校电子商务专业技能内部抽查评价合格率

专家考察发现，当前高职学校电子商务专业内部监控评价体系仍面临一些共性问题。一是数字基础设施不完善，特别是囿于数据存储与处理能力、教学管理平台的功能等方面的限制，导致在教学评价环节无法高效收集、处理和分析数据。这对建立一个基于数据的实时监控评价系统构成了障碍。二是数字工具与评

价体系融合度不够，监控评价手段单一，导致过程性评价、个性化学习路径监控、动态反馈等数字工具的优势没有得到充分发挥，无法形成全方位、多维度的教学监控和评价体系。三是教师和管理人员数字素养不足，未能深入反馈学生在课堂中的参与度、技能掌握情况等多维度的表现。四是评价数据反馈机制滞后，导致教学管理部门无法及时调整教学策略，导致教学质量提升滞后。

（二）外部主体参与评价，但评价指标较为单一

为确保高职学校电子商务专业的培养目标与行业需求紧密对接，学校通过建立持续跟踪反馈机制及多元社会评价机制，全面评估毕业生的职业发展情况和培养目标的达成度。这些机制不仅能够促进学校与社会、企业、教育部门的深度合作，还能为学校教学改革和人才培养方案的优化提供重要依据。外部评价通常由专家、行业合作伙伴等其他利益相关者组成，能够为学校专业建设发展提供外部客观的观点。根据专业技能抽查与毕业设计抽查数据（见表 4.17），湖南省高职学校电子商务专业毕业设计抽查平均分为 75.70，毕业设计抽查合格率为 98.27%，专业技能抽查合格率为 99.07%。这表明尽管电子商务学生毕业设计合格率较高，但整体质量还有待进一步提高。

表 4.17　湖南省认证高职学校电子商务专业毕业设计与专业技能抽查情况

年份	毕业设计抽查质量（分）	毕业设计抽查合格率（%）	专业技能抽查合格率（%）
2017	81.04	96.90	97.00
2018	71.77	97.60	99.96
2019	72.23	96.80	100.00
2020	77.52	100.00	100.00
2021	73.37	96.56	99.99
2022	76.50	100.00	99.31
2023	77.50	100.00	97.26
平均	75.70	98.27	99.07

专家现场考察发现，高职学校普遍建立了过程性评价与终结性评价的全过程评价机制，但是在课堂评价、实践评价、校企合作实习评价、教师教学质量评

价、督导评估等评价体系上仍有待完善。一方面，随着数字技术的发展，大多数高职学校还未能运用大数据分析与可视化对课程进度、学生表现、教师教学效果等数据进行综合分析，与职业教育数字化转型的目标尚有距离。另一方面，基于大数据的学业毕业预警与反馈机制有待完善，应当通过数字赋能教育教学，统一管理学生学习进度、教师教学活动、课程资源和教学评价数据，实现教学管理的标准化与自动化。

根据湖南省认证高职学校电子商务专业的外部评价统计数据（见表 4.18），外部评价均值为 3.41，等级均值为 2.56，处于中等水平；标准差为 5.344，方差为 28.558，表明外部评价的离散程度较大，不同学校的外部评价成绩差异显著；偏度值为 2.003，峰度值为 4.489，均表明评价结果呈正偏态分布，且具有较高的尖峰状态和集中频数，说明头部学校在国家级高水平专业群建设、省级高水平专业群建设、国家级重点特色示范特色专业、省级重点特色示范特色专业等具有高显示度的外部评价成果方面成绩显著。

表 4.18 湖南省认证高职学校电子商务专业外部评价及其等级

	外部评价分数	外部评价等级
平均值	3.41	2.560
众数	0	1
标准差	5.344	1.805
方差	28.558	3.256
偏度	2.003	0.348
峰度	4.489	-1.880
最小值	0	1
最大值	22	5

对外部评价分数进行等级赋分发现（见表 4.19），评价等级两极分化。其中，外部评价等级处于“非常低”有 15 所，占比为 55.6%，6 所学校外部评价等级分别为“比较高”与“非常高”，共占比 44.4%，而“比较低”“中等”等级为 0。这表明这些高职学校在外部评价方面达到较高水平，拥有良好校企合作、社会声誉和高显示度的专业建设成效。

表 4.19　湖南省认证高职学校电子商务专业外部评价等级频率

外部评价等级	频率（所）	百分比（%）	累计百分比（%）
非常低	15	55.56	55.56
比较低	0	0	55.56
中等	0	0	55.56
比较高	6	22.22	77.78
非常高	6	22.22	100.00
总计	27	100.00	

高职学校电子商务专业外部评价是确保教学质量、专业发展和人才培养与社会需求紧密结合的重要环节。然而，当前的外部评价体系在实际运行中仍需要进一步完善：第一，评价标准不统一，行业与学校衔接不紧密，导致评价体系在实施时难以精准衡量人才培养效果。第二，用人单位参与反馈往往基于短期工作表现，而非对学生长期职业发展能力的综合评价，重视并有效识别用人单位的反馈意见，为学校提供有效的教学改革依据就必须系统思考和整体判断。第三，社会评价与学校培养目标脱节，可能偏向于“显性指标”而忽视了教育质量、毕业生职业能力的“隐性指标”。第四，评价机制缺乏持续性与动态调整，未能及时反馈给学校并形成持续改进机制，导致评价工作难以形成闭环。第五，第三方评价机构参与度低，难以全面、公正地反映人才培养的实际效果。

基于此，通过构建统一评价标准、加强企业和第三方机构的深度参与、建立持续动态的评价机制，可以有效完善外部评价体系，提升教学质量，确保培养目标与社会需求的高度一致，从而提高毕业生在就业市场中的竞争力。

第五章　湖南省高职学校电子商务专业发展典型案例

为深入贯彻落实国家关于职业教育改革发展的决策部署，推动湖南省高职学校电子商务专业高质量发展，本章选取了湖南省内部分高职学校电子商务专业发展的典型案例，力求全面展现湖南省高职学校电子商务专业发展的特色和成果。相信这些典型案例的分享，能够为湖南省乃至全国高职学校电子商务专业的发展提供有益启示，为推动电子商务产业高质量发展、服务区域经济社会发展作出积极贡献。

一、专业深度融合区域产业，校企共建“京东·湘商学院”

（一）背景与专业介绍

长沙商贸旅游职业技术学院电子商务专业历经近20年的发展与建设，现有在校生500余人，配备13名专业教师与5名企业兼职教师。其中，教授2名、副教授5名、讲师5名，其中，博士2名，“双师型”教师达100%。

在多年建设中，电子商务专业连续取得多项重大成果。现已跻身湖南省楚怡高水平专业行列，2019年成为中国（长沙）跨境电子商务综合试验区人才孵化基地试点单位、教育部现代服务业应用技术协同创新中心；2021年，电子商务专业人才培养方案获评省级“优秀”；2022年，两项教育部首期就业实习基地项目成功立项；2023年，电子商务专业在湖南省高职学校电子商务专业认证中被授予“优秀”等级。

2020—2024 年本专业在各类竞赛和科研成果上成绩斐然：共获得“互联网+创新创业大赛”国家级奖项 3 次，湖南省学生技能大赛获奖 10 次（其中省一等奖 3 项），教师职业能力比赛获奖 5 次，职业教育省级教学成果奖 2 次；教师公开发表核心期刊论文 30 余篇，出版专著 5 部、国家规划教材 2 部，主持国家级课题 2 项、省级课题 23 项，为电子商务专业的产教融合与校企合作奠定了坚实基础。

（二）案例描述

为进一步从“对接产业、服务产业”迈向“提升产业、引领产业”，学院积极打造“湘商”品牌，聚焦长沙现代服务业，加快推进校企深度合作。通过深化产教融合的内涵，探索“院司所”社会服务模式，学院于 2018 年 5 月联合世界 300 强企业——京东集团，共同成立“京东 · 湘商学院”和京东校企合作湖南总部，并将项目介绍成功入选国家及省级质量年报案例。该举措着力推动电子商务专业群在政校行企的多方协同下，围绕产业需求精准发力，实现校企互通、人才共育、产研并进。

1. 校企深度融合，成立电子商务实训基地

在“京东 · 湘商学院”平台的基础上，已建成约 2800 平方米的教学与科研场地，包含商务数据分析实验室、客服管理实训室、创业大数据分析实验室等。学院组建起一支由“双师型”教师、博士研究生及企业骨干组成的教学团队，将京东的企业文化、工作流程、业务标准全面融入生产性实训教学，并纳入人才培养方案。自项目启动以来，已有 2600 余名学生利用京东平台累计处理近 10 万笔业务，客户满意度超过 95%，学生综合能力得到大幅提升。至今，已有 200 余名学生成功入职京东集团或其他知名电商企业，成长为业务骨干。

2. 组建创新团队，服务中小微企业

面向电商产业的重大应用和创新需求，长沙商贸旅游职业技术学院以跨境电商基地为依托，成立了创新应用研究中心，汇聚企业专家、骨干教师和专家顾问组成科研与技术应用团队。通过开展产品研发与成果转化，实训基地在数字商务领域逐步形成体系化与专业化的服务能力。

针对中小微企业在商业模式创新、业务转型变革、产品升级、服务升级等方

面面临的问题，该团队积极提供创新应用研究和咨询支持，为企业培养技能人才并协助解决痛点。2020～2024 年，相关技术成果转化共达 15 项，专利申请 13 项，在区域产业发展中发挥了良好的示范效应。

3. 搭建特色平台，服务区域经济

长沙商贸旅游职业技术学院联手政府、电商行业协会和京东集团等机构，共同打造电商创新平台（见图 5.1），完善“电商创新应用研究中心”建设，与地方政府、企业合作开展供应链金融、供应链物流、零售等专项研究，向社会提供产品验证与升级、校企合作、人才培养等多元化服务（见图 5.2）；同时设立产品服务与成果转化中心、应用推广中心，集中攻关电商企业技术难题和应用“瓶颈”，吸引产业链上下游企业集聚，推动数字商务产业链在研、产、供、销、管、服等方面的协同发展，加速区域经济转型升级。

图 5.1 学生参加京东集团数字化客服实训

图 5.2 电商师生团队服务长沙源融管理有限公司

（三）服务成效

1. 人才培养成效显著

通过2023~2024年的持续实践，项目培养了209名具备电商实操与相关专业技能的应用型人才，其中10人在中国“互联网+”大学生创新创业大赛中获得银奖，在湖南省职业院校电子商务技能赛中有4人荣获一等奖、1人获三等奖；此外，长沙商贸旅游职业技术学院先后为电商企业培训员工近千人次，有效拓宽了企业内训渠道。

为顺应市场需求，学院近年来源源不断地向行业输送“双创型”人才，2020~2024年累计培养900余名具有电商创业实践能力的毕业生，不少学子已经在知名企业中担任核心岗位，涌现出湖南集创宝集团董事长胡越兴等创业典型。

2. 社会影响不断扩大

长沙商贸旅游职业技术学院在电子商务教育与产教融合方面的探索，获得了职教界和社会各界的高度认可。至今，包括杭州商业职院、娄底职业学院在内的全国65所院校到访交流，学院也先后赴青岛酒店管理职院、义乌工商职院等10多所院校开展访学与项目研讨；这些互动进一步推动了电商专业人才培养工作的优化与升级。

长沙商贸旅游职业技术学院的相关成果及经验多次见诸主流媒体，累计超过20次刊发于《人民日报》《中国青年报》《学习强国》等权威平台。其中，《打造校园“双创”梦工厂》入选《中国教育报》专题报道，《从校园主持到网络主播，长沙高校女生推介浏阳乡村获奖赞》被《人民日报》转载，影响力不断攀升。

3. 服务国家战略，孵化市场化项目

立足乡村振兴等国家战略，一批由学生自主创业的电商项目不断涌现。例如，学生张绍敏创办的“张小牛小罐椒”品牌年营业收入已突破3100万元；文峰立足“舌尖上的擂茶非遗文化”，产品远销共建“一带一路”国家，累计带动就业300余人，并受到国家领导人的接见。此类典型案例凸显了校企合作对区域产业升级和社会经济发展的双重支持，也展现了学院深耕电商专业、深度服务产业的显著成效。

二、校企共育巴拉巴拉现代学徒，深度服务产业数字化转型

（一）专业背景与建设概况

自 2000 年创办以来，湖南商务职业技术学院电子商务专业始终围绕湖南区域商业数字化转型及互联网服务业高质量发展的人才需求，持续深化产教融合，构建以校企双主体办学、产学研结合、工学结合为核心的人才培养模式。经过多年的发展，专业建设历经网络营销、网店运营、新零售运营等阶段，现已形成以新零售运营和数字营销为核心的高素质技术技能人才培养体系，并积极服务国家"乡村振兴"战略，形成了"德技并重、以商惠农"的专业特色。

目前，电子商务专业已被认定为国家骨干专业，并承担全国供销合作社电子商务职教基地、全国农村电子商务师资培训基地等 10 项职业教育重点项目。同时，专业教学资源丰富，师资力量雄厚，教学改革成效显著。在省级历次专业学生技能抽查中，电子商务专业的通过率始终保持 100%，并长期位于全省前列。2017 年以来，学生在专业技能竞赛中共获得国家级奖项 3 项（一等奖 2 项、二等奖 1 项），省级奖项 12 项（一等奖 2 项）。毕业生平均就业率为 95%，全日制专升本率为 18%。此外，专业团队主持省级电子商务技术专业资源库、省级精品课程 4 门，主编国家规划教材、省级优秀教材 3 部，荣获国家级教学成果奖二等奖 1 项、省级一等奖 2 项，教师团队在省级职业院校教师教学竞赛中也屡获殊荣。

（二）案例描述

1. 面向产业需求，构建数字商务人才培养体系

依托湘江新区高职学校的区位优势，电子商务专业紧密对接区域电子商务产业集群，培养具备数字化运营、新零售运营、电商品牌管理能力的高素质技术技能型人才。2012 年，长沙商贸旅游职业技术学院与长沙市爱巴森网络科技公司

签订校企合作协议，以“客户服务与管理”课程为基础，持续深化产教融合，共同开发课程实训体系、教材资源，并共建数字商务产业学院。这一模式使人才培养深度嵌入产业链和创新链，实现校企资源优势互补，助力专业高质量发展。

2. “政—校—园—企”联动，打造“四链融合”产教融合实训基地

为强化产业生态对接，电子商务专业携手岳麓山国家大学科技园、长沙市爱巴森网络科技公司等企业，共建数字商务开放性区域型产教融合实训基地，建立“资源共建、共管、共享”运行机制，形成集资源共享、人才培养、技术创新、社会服务于一体的管理体系。通过这一机制，学院联合企业共同制订人才培养方案，特别是在“双十一”电商大促期间，学生通过企业导师指导，深入参与售前客服、售后客服、客服后台管理等岗位实训，确保人才培养与行业需求无缝对接。

值得一提的是，“客户服务与管理”课程实训100%引入企业真实案例，聘请企业管理层人员担任外聘教师，共同开发校本教材，实现教材、案例、教学、项目的四个统一（见图5.3）。2018年，长沙商贸旅游职业技术学院进一步深化合作，与长沙爱巴森网络科技公司共建现代学徒制班，创新性地探索学徒制人才培养新模式。

图5.3 “客户服务与管理”课程实训现场

3. “岗—课—赛—证”融通，创新电子商务人才培养模式

针对电子商务行业的发展需求，学院提出“岗—课—赛—证”融通的人才培养模式，以中国特色学徒制为核心，贯彻“五个对接”理念，即学校与企业

深度对接、实训基地与工作现场紧密对接、专业设置与产业需求精准对接、教师与企业导师协同对接、学生与企业员工角色互换对接。

在这一体系下，学院建立了岗证赛融通（S）—课程整合（I）—任务驱动（T）—实践检验（P）人才培养体系。自 2017 年起，学生连续 6 年参与巴拉巴拉官方旗舰店、御泥坊官方旗舰店等天猫头部店铺的“双十一”大促客户服务及店铺运营实训，巴拉巴拉现代学徒制班已连续举办 6 届，累计 1436 人次参与企业实岗实训，带动企业实现销售收入 12708 万元。通过深度校企合作，学院成功培养出一批具备高素质数字商务能力的技术技能人才，为电子商务行业输送了大量优秀从业者（见图 5.4）。

图 5.4　湖南商务职业技术学院 2019 年巴拉巴拉学徒班合影

（三）服务成效

1. 服务区域经济发展，助力湖南“三高四新”战略

电子商务专业以校企协同育人为核心，持续深化与政府、产业、企业的多方合作，形成“政、校、园、企”联动的“四链融合”产业育人新模式，紧密对接湖南省“三高四新”战略和现代化产业体系建设，为区域电子商务产业发展提供高素质技能人才支撑。

2. 深化产教融合，提升人才培养质量

通过创新“岗—课—赛—证”融通的 SITP 人才培养体系，学院构建了分岗分阶的教学体系，实现人才培养的精准化、实战化、职业化。电子商务专业毕业生在行业内竞争力显著提升，毕业生就业率稳定在 95%以上，专升本率达 18%，并在国家级、省级技能大赛中屡获佳绩，为全国电子商务职业教育提供了示范经验。

3. 校企协同创新，推动职业教育改革

长沙商贸旅游职业技术学院依托现代学徒制班，构建校企多元合作模式，打破传统人才培养壁垒，促进产教融合走深走实。近年来，学院电子商务专业的双师型教师队伍不断壮大，企业导师参与度持续提升，教师队伍的“双师”素质得到极大提高，企业导师联合开发教材、课程资源，为职业教育改革提供了可复制、可推广的经验。

三、电商专业牵手援外培训，强力拓展“湘”字号国际朋友圈

（一）专业背景与优势概述

湖南外贸职业学院电子商务专业创办于 2005 年，是湖南省高职学校中较早设立的电商专业之一。作为湖南省“双一流”专业群和“楚怡”高水平专业群——跨境电商专业群的核心专业，电子商务专业紧扣湖南“三高四新”战略，聚焦电商行业数字化、多元化及全球化发展趋势，全面实施现代学徒制及“岗课赛证一体化”的产教融合人才培养模式，致力于培养高素质电商人才。

2024 年，电子商务专业在校生 742 人，专任教师 36 人，其中教授 5 名、副高 4 名，双师型教师占比高达 93%。教学团队中包括全国技术能手 1 人、省级骨干教师 2 人、省级技术能手 2 人及“五一劳动奖章”获得者 2 人，形成了一支结构合理、业务精湛的教学创新团队。专业配备网店运营推广、电商视觉设计、商品拍摄等 7 个校内实训基地，并与湖南嘉德集团等企业合作共建 10 个校外实训基地，为学生提供了丰富的实践平台。

近年来，电子商务专业在人才培养质量上屡获佳绩。例如，2020 年，其人才培养方案、技能抽查标准与题库均被评为湖南省优秀等级；学生在全国信息素养大赛、职业院校技能竞赛等赛事中屡获殊荣，2022—2024 年平均就业率达

90%，用人单位好评率高达 97%。这一系列成果为专业的国际化发展奠定了坚实的基础。

（二）案例描述

湖南外贸职业学院作为商务部首批国际商务官员研修基地和全国跨境电子商务人才培养基地，充分发挥平台优势，积极参与援外培训项目，推动“湘”字号品牌与电商经验走向世界。电子商务专业通过资源共享、技能培训和成果凝练等方式，为湖南企业与国际市场搭建桥梁，展现了湖南职业教育的创新能力与国际影响力。

1. 共享资源，搭建湘企外企合作平台

在援外培训项目中，学校通过线上线下交流、实地考察及云参观等形式，组织学员深入了解湖南企业，搭建湘企湘品展示平台，促成经贸合作。例如，在“发展中国家供应链（商务）管理人员提升研修班”期间（见图 5. 5），学员参观了湖南浩通控股集团有限公司（见图 5. 6），深入了解其综合物流服务与供应链管理业务，进一步加深了对湖南优势产业的认知，为后续经贸往来奠定了基础。

图 5. 5　发展中国家供应链（商务）管理人员提升研修班学员合影

图 5.6　学员赴湖南浩通控股集团有限公司考察

2. 承办培训，输出电商技能与经验

2024 年 8 月，电子商务专业骨干教学团队全程参与“乌干达电子商务及贸易投资促进研修班”，为 30 名乌干达学员提供了市场调研、课程设计、案例分析及实践指导等全方位支持。通过系统化的课程与实践，学员深入学习了中国电商行业的成功经验与创新模式，尤其是在电商平台运营、在线营销策略及供应链管理等领域，获得了宝贵的知识与启发。这些经验为乌干达电商行业注入了新动力，推动了当地企业的数字化转型。

3. 凝练成果，推动“楚怡”职教模式输出

电子商务专业还聚焦非洲国家的实际需求，积极开展职业教育技术输出。例如，在苏丹和布基纳法索等国家，专业团队协助开发职业教育标准 35 项，培训师资 486 人，培养本土技术技能人才 1268 人。电商专业还提供了 4 套人才培养方案、26 个课程标准、120 个教学微课及 10 个教学标准，助力当地职业教育体系建设，为中资企业在非洲的发展提供了强有力的人才支撑。

（三）服务成效

1. 增强湘品湘企国际竞争力

通过援外培训项目，湖南企业不仅成功开拓国际市场，还显著提升了品牌影响力。例如，项目促成了阿根廷与中车时代电气达成屏蔽门 8000 万美元的合作意向；帮助湖南省工业设备安装有限公司在蒙古国争取到总造价超过 1 亿美元的

电厂改造项目。此外，境外技术合作项目还为华勘矿业、扬子江重汽等多家中资企业培养了大量本地技术人才，进一步巩固了湖南企业的国际竞争力。

2. 传播湘式电商经验，推动行业创新

湖南电商模式的成功经验为援外国家提供了宝贵的参考。例如，乌干达学员回国后帮助一家传统手工艺品企业建立电商平台，短短数月内，该企业网站访问量增长 50%，国际订单量提升 30%。一学员借鉴湖南电商的在线营销策略，为当地一家农产品加工企业制订社交媒体营销方案，显著提高了品牌知名度，企业销售额增长 40%。这些案例充分体现了湖南电商经验对全球化市场的适应性与创新性。

3. 推动“楚怡”职教模式落地非洲

在苏丹和布基纳法索，学校通过职业教育技术合作项目开发了 176 项智力成果，建立了符合国际标准的职业教育教学体系。布基纳法索更是成功举办了首届全国职业技能大赛，标志着当地职业教育迈向新台阶。湖南外贸职业学院主持的“非洲技术技能人才本土化培养的‘楚怡’职教模式探索与实践”项目荣获国家级教学成果二等奖，为中国职业教育国际化发展树立了典范。

四、打造白关丝瓜品牌，助力乡村振兴

（一）背景与专业介绍

自 2003 年开设以来，湖南汽车工程职业大学电子商务专业已成为全国高职学校中较早开设该专业的先行者之一。该专业现有在校生 728 人，专任教师 37 人，企业行业兼职教师 8 人，师生比达到 1 : 16. 17，其中专任专业教师师生比为 1 : 19. 67，“双师”素质教师比例达 56. 75%。教师队伍中拥有教授 3 人、副教授 12 人，并涌现出黄炎培杰出校长 1 人、省级教学名师 1 人。

在专业建设方面，学校已建成 9 家校内实训基地，并与广西东呈酒店管理集团股份有限公司等多家企业合作共建 8 家校外实训基地。

在人才培养与实践教学方面，电子商务专业成果显著。学生在各类技能竞赛

中屡创佳绩，省级及以上奖项超过 50 项，其中包括国赛特等奖 8 项、国赛一等奖 9 项、省级一等奖 9 项。自电子商务专业开设以来，累计培养毕业生 3500 余人，遍布湖南省及全国 30 余家电商企业，2021—2024 年平均就业率超过 90%，充分展现了专业的就业竞争力与社会的认可度。

（二）案例描述

湖南汽车工程职业大学以电子商务专业为依托，积极参与乡村振兴战略，充分发挥科技与人才优势，助力株洲市芦淞区白关镇卦石村丝瓜产业发展。通过校地合作、产教融合，不仅推动了白关丝瓜品牌的打造，还为乡村经济注入了新动能。

1. 构建“三三制”扶智体系，赋能村域经济

湖南汽车工程职业大学商务贸易学院与芦淞区白关镇政府紧密合作，创新性地建立“三三制”扶智体系，通过党组织引领下的“三支队伍”、推进“三种模式”、惠及“三类群体”，全面提升白关丝瓜产业的竞争力。

首先，在“三支队伍”联建方面，湖南汽车工程职业学院组建了由电子商务专业师生组成的社会实践团队，深入田间地头开展调研；同时，整合电商达人与农经技术骨干，形成专业培训团队；此外，校企联合打造校企帮扶队伍，推动产教融合，助力丝瓜产业发展。

其次，在“三种模式”推进中，社会实践模式成为主要抓手，师生团队深入白关镇丝瓜基地，记录种植过程并指导乡镇电商产业发展；专业培训模式则通过开设 11 堂“云上湖汽”直播课，培训菜农 380 余人次，探索示范性直播课程；校企帮扶模式则聚焦丝瓜种植示范基地建设，推动白关丝瓜的品牌化发展。

最后，“三类群体”广泛受益。通过搭建“互联网+农业”网络销售平台，白关镇丝瓜销售渠道不断拓宽，政府、学校助力白关丝瓜开展品牌推介会，进一步扩大了品牌的线上、线下影响力（见图 5.7），带动了当地群众就业和增收；专业培训团队帮助菜农掌握电商运营技能，推动丝瓜销售量创历史新高；而对口帮扶的卦石村则成功实现了白关丝瓜从田间地头到新媒体平台的跨越式发展。

图 5.7　白关丝瓜品牌推介会

2. 推动“一乡一品”，助力丝瓜出海

2023 年 9 月，在中国民贸一乡一品产业促进中心、英国湖南同乡会、英国湖南商贸总会、株洲 B 保跨境电商综合服务中心等的支持下，白关丝瓜顺利出口英国，完成了“出海”任务。这一成果不仅标志着白关丝瓜品牌的国际化迈出了重要一步，也为当地农产品开拓海外市场提供了宝贵经验。

湖南汽车工程职业大学在此过程中发挥了重要作用，帮助白关镇丝瓜种植示范基地建立品牌形象，并通过“一乡一品数字身份证”技术推动农产品出乡出山，最终走向国际市场（见图 5.8）。这一举措有效地促进了农业增效和农民增收。

图 5.8　白关丝瓜出海

（三）服务成效

1. 推动丝瓜产业规模化、产业化、国际化

在株洲市政府的支持下，湖南汽车工程职业大学商务贸易学院与芦淞区政府通力合作，针对白关镇丝瓜产业的现状开展深入调研并提出发展建议。截至2023年底，白关丝瓜播种面积已接近万亩，年产量达5.5万吨，全产业链产值约6.2亿元。全镇拥有丝瓜种植大户1500余户，大型种植企业和合作社10家，村级集体经济组织20家，直接带动从业人员4500余人。此外，白关丝瓜已成功进入国际市场，进一步提升了其品牌影响力。

2. 互联网赋能，激发产业发展新动能

电子商务专业团队充分借鉴“千万工程”经验，结合互联网技术助力白关丝瓜品牌建设。通过高端品牌定位与市场主体培育，白关丝瓜的市场竞争力显著提升。精品丝瓜售价从往年最高35元/千克提升至168元/5条，农户收入显著增加，联农带农增收达4800余元。同时，项目辐射带动周边3家农业合作社，累计解决村民就业3000余人次。

3. 社会影响与乡村振兴示范效应

白关丝瓜品牌的成功打造不仅为当地经济发展注入了新活力，也为全国乡村振兴战略提供了可复制、可推广的经验模式。通过校地合作、产教融合与互联网赋能，湖南汽车工程职业大学在助力乡村振兴的实践中展现了高职学校的社会责任与专业价值，为实现农业现代化和农民共同富裕作出了积极贡献。

五、打造“党建+乡村振兴+电商”特色品牌，深度培育技能型高素质电商人才

（一）背景与专业介绍

自2005年创立以来，湖南财经工业职业技术学院经济贸易学院电子商务专业，始终致力于培养高素质技能型电商人才。2016年，电子商务专业被确立为

现代商贸服务专业群核心专业，并入选“全国高技能人才培训基地”建设子项目，成为国家高等职业教育创新发展行动计划（2015—2018 年）骨干专业、省一流特色专业群建设核心专业及双高专业群重点建设专业。近年来，电子商务专业在全省高职学校技能抽查和毕业设计抽查中合格率始终保持 100%，并在全国职业院校技能大赛中屡获佳绩，累计斩获国赛一等奖 2 项、二等奖 3 项，以及湖南省职业院校技能竞赛一等奖 10 项。

在服务社会方面，电子商务专业紧密对接湖南“三高四新”战略和乡村振兴需求，与衡阳市扶贫办、共青团衡阳市委、衡阳市电子商务协会等机构深度合作，校企共建电商实训基地和省级电商创新创业基地，积极助力“工业 4.0”制造强国战略和“一带一路”倡议的实施。通过深化党建与业务融合，湖南财经工业职业技术学院党总支打造了“党建+电商+乡村振兴”品牌，将党建工作与思政教育、专业实践有机结合，推动乡村振兴服务成果入选第五届湖南省省属高等院校精准帮扶典型项目。近年来，该专业累计帮助本地农特产品销售额达 137.89 万元，短视频播放量突破 80 万次，相关成果被新华网、《中国日报》、学习强国等主流媒体报道 30 余次，成为湖南省乡村振兴的“高职范本”。

（二）案例描述

湖南财经工业职业技术学院经济贸易学院党总支以“党建引领，电商赋能，精准服务‘三农’”为核心理念，创新性地将党建工作与电子商务发展深度融合，构建了“党建+乡村振兴+电商”特色品牌。通过“田间课堂”“组团下乡”“校企联动”等一系列创新举措，湖南财经工业职业技术学院在助力乡村振兴和脱贫攻坚的有效衔接中取得了显著成效。

1.“田间课堂”：理论与实践深度融合的创新模式

湖南财经工业职业技术学院党总支将传统的“一课一片一实践”活动延伸至田间地头，开创性地设立了“田间课堂”。在这一创新教学模式中，村党组织书记担任讲师，生动讲述乡村振兴的实践成果与发展经验；退伍老兵通过讲述革命故事传承红色基因；农村老党员则带领师生实地参观，展示农村翻天覆地的变化。这种形式将微党课与实践教学相结合，构建了生动的“大思政课”，极大地激发了师生投身乡村振兴的热情与社会责任感。

2. “组团下乡”：电商赋能，助力农产品上行

依托电子商务专业的资源优势，学院党总支组建了乡村振兴服务团和大学生“三下乡”社会服务团，深入常宁市、衡阳县等农村地区，开展公益电商助农直播培训。通过面对面教学，村民掌握了直播设备操作和销售技巧，电商创业热情被大大激发。例如，衡阳县岘山镇星光村的村民李洁玉和曾巧蓉在接受培训后，利用抖音平台直播销售自家农产品，年收入实现了近万元的增长，成为当地电商致富的典范。

3. 校企联动：共筑电商直播新生态

湖南财经工业职业技术学院党总支聚焦电商直播这一新兴产业，与湖南惠农网、衡阳高新电商产业园等头部企业深度合作，探索“校企合作、产教融合”新模式。通过校企联动，师生党员为农户提供新媒体营销知识培训，包括直播技巧、短视频制作等，帮助农户提升线上销售能力（图 5.9 为湖南财经工业职业技术学院与衡阳高新电商产业园开展电商直播培训）。同时，湖南财经工业职业技术学院搭建了“直播+短视频”营销平台，为衡阳地区农特产品提供全方位支持，推动农产品品牌化和网络化进程，让本地优质农产品走向全国乃至国际市场（图 5.10 为学生直播团队正在进行农产品直播）。

图 5.9　电商直播培训课堂

图 5.10　学生直播助农

（三）服务成效

通过实施“党建+电商”扶贫举措，湖南财经工业职业技术学院经济贸易学院党总支在乡村振兴领域取得了显著成效。首先，湖南财经工业职业技术学院“田间课堂”创新教学模式将理论与实践深度融合，强化了师生的社会责任感和实践能力。其次，湖南财经工业职业技术学院“组团下乡”公益电商直播培训有效提升了农产品的知名度和销量，为村民创造了新的增收渠道。最后，通过校企联动，湖南财经工业职业技术学院为农户提供了“直播+短视频”营销支持，推动了电商直播产业的发展，为乡村经济注入了新的活力。

这些创新举措不仅丰富了师生的实践经验，也为乡村振兴贡献了重要力量。湖南财经工业职业技术学院的服务成果成功入选第五届湖南省省属高等院校精准帮扶典型项目，累计帮助本地农特产品销售 137.89 万元，相关电商助农案例被主流媒体报道 30 余次，获得社会各界的高度评价，成为湖南省乡村振兴的“高职范本”。未来，湖南财经工业职业技术学院将继续深化“党建+电商”模式，为乡村振兴战略的实施提供更多创新实践和专业支持。

六、赋能乡村振兴，打造洞庭湖农产品品牌

（一）背景与专业介绍

益阳职业技术学院是一所经湖南省政府批准、教育部备案，由益阳市政府举办的全日制公办高等职业院校。益阳职业技术学院是湖南省楚怡“双高”建设单位，荣获“全国德育工作先进单位”“省级职业教育与成人教育先进单位”等多项荣誉称号，并在就业创业、职业技能鉴定等领域表现卓越。作为湖南省农村电商产教联盟理事长单位和省级乡村振兴人才培养优质校，益阳职业技术学院在服务地方经济、助力乡村振兴方面发挥了重要作用。

益阳职业技术学院电子商务专业群实力雄厚，依托“E 电商名师工作室”，组建了一支由教授、副教授、高级工程师、淘宝大学讲师等组成的高水平师资团队。通过“农播汇”生产性实训基地，益阳职业技术学院为南县小龙虾、稻虾米、安化黑茶、沅江“两芦”等特色农产品提供从包装设计到品牌建设、从新媒体推广到网店运营的全方位数字营销服务，取得了显著成效。

（二）案例描述

随着信息技术的快速发展，电子商务已成为推动农村经济发展的重要引擎。然而，环洞庭湖经济带尽管拥有丰富的农业资源和优质的特色农产品，但农村电商发展仍处于初级阶段，品牌化程度较低，市场竞争力亟待提升。针对这一现状，益阳职业技术学院电子商务专业群主动作为，致力于通过打造区域公共农产品品牌，推动乡村振兴和农业转型升级。

自 2020 年起，益阳职业技术学院电子商务专业群连续三年组织师生深入南县、沅江等地，开展以群体直播、短视频创作、新媒体推广为核心的电商服务，为稻虾米、芦菇、芦笋等特色农产品提供网络销售支持。在此过程中，428 名电商专业学生积极参与，共创作原创短视频作品 1000 余个，吸引浏览量达 179. 5 万人次，促成订单 8000 余笔，实现总销售额 69. 1 万元。此外，益阳职业技术学

院师生还深度参与“南县小龙虾网络直播节”等活动（见图 5.11 和图 5.12），并实施“湖边行动”农产品带货主播培训计划，助力安化黑茶、沅江“两芦”等产品的推广。

图 5.11　稻虾产品直播间师生合影留念

图 5.12　“农播汇”大学生直播大赛活动

益阳职业技术学院的实践成果得到了社会各界的广泛认可。益阳市政府网站、《湖南日报》、中国教育新闻网等多家权威媒体对益阳职业技术学院的社会服务实践进行了报道，消费者对通过益阳职业技术学院电商平台购买的农产品给予了高度评价，政府部门和社会各界也对益阳职业技术学院的贡献表示了充分的肯定。

（三）服务成效

1. 实训与人才培养

益阳职业技术学院通过建设 15 个校内实训基地和 9 个校外实训基地，为电子商务及农村电商等专业学生提供了优质的实践平台，可同时容纳 1400 名学生进行实训。益阳职业技术学院电子商务专业群作为“楚怡”高水平专业群的重要组成部分，每年为 1000 多名学生提供涵盖网店装修设计、推广运营、直播、新媒体推广等紧缺岗位的实训机会，显著提升了学生的职业技能与就业竞争力。

2. 农民培训与致富带动

作为乡村振兴人才培养优质校，益阳职业技术学院紧密对接南洞庭湖区经济带的实际需求，面向稻虾产业、食品加工业企业员工、县域公共品牌农特产品合作社及新型职业农民，开展直播电商、短视频制作、网店运营等技能培训。年均培训场次达 15 场，培训人次超过 100 人。此外，益阳职业技术学院还面向农村待业青年、返乡创业者及下岗职工开展网络创业培训，2021—2024 年累计培训人数达 1000 人次，为农村劳动力转型升级提供了有力支持，助力实现“家乡美、产业兴、农民富”的乡村振兴目标。

3. 农产品品牌建设与数字营销

益阳职业技术学院通过“E 电商名师工作室”和“农播汇”生产性实训基地，为南县小龙虾、稻虾米、安化黑茶及沅江“两芦”等特色农产品提供了从包装设计到品牌建设、从新媒体推广到网店运营的全链条数字营销服务。连续三年，益阳职业技术学院组织联盟成员单位深入产业基地考察交流，并通过群体直播等形式助力农产品网络销售，取得了显著的经济效益和社会效益。例如，益阳职业技术学院在南县稻虾米和小龙虾区域公共品牌建设方面的突出贡献，直接推动南县成功获批农业农村部“稻虾全产业链示范县”，为当地农业产业升级和经济发展注入了强劲动力。

通过一系列扎实有效的举措，益阳职业技术学院不仅提升了自身的社会服务能力和影响力，也为环洞庭湖经济带的乡村振兴和农业现代化提供了重要支持。未来，益阳职业技术学院将继续发挥专业优势，深化产教融合，助力更多区域实现农业品牌化、数字化发展，为乡村振兴战略的全面实施贡献力量。

七、以“双十一”实训为契机，推进校企双元育人

（一）专业背景与建设成就

长沙民政职业技术学院电子商务专业创立于 2000 年，经过 20 余年的发展，已成为国内高职教育领域中极具影响力的电子商务专业之一。电子商务专业在 2005 年荣获国家高等教育成果奖二等奖，2018 年和 2021 年分别获得国家级职业教育成果奖和湖南省职业教育成果奖二等奖。作为国家首批示范校重点建设专业（2006 年）、湖南省卓越校重点建设专业群核心专业（2015 年）及湖南省一流特色专业群核心专业（2018 年），电子商务专业在专业建设和人才培养方面屡创佳绩。2019 年被教育部认定为国家级骨干专业，2023 年通过湖南省高职电子商务专业认证并被评为优秀等级。

电子商务专业始终坚持“走出去、引进来、再创新”的建设思路，紧密对接行业企业的新标准、新流程和新规范，创新提出了“课程牵引、项目驱动、竞赛提升”的人才培养理念。凭借优质的教学条件和良好的社会声誉，电子商务专业培养了一大批高技能应用型人才，为区域经济发展和产业转型升级作出了重要贡献。

（二）案例描述

为培养兼具实战能力和职业素养的电子商务人才，长沙民政职业技术学院电子商务专业自 2011 年起，借助“双十一”网络购物节的契机，与省内知名电商企业开展深度合作，形成了“产教融合、双主体育人”的教学模式。每年“双十一”期间，大二学生通过“电商双十一实训”“客户服务综合实训”等课程，参与为期 5 周的网络客服阶段性顶岗实训，这一模式已成为校企合作的典范。

在实训过程中，学生主要承担企业一线网络客服工作，包括售前咨询、售中支持和售后服务等环节，工作时间分为白班和晚班，实训地点设在校内专业化场地。合作企业涵盖梦洁电商、爱森电商和御家汇等知名企业（图 5. 13 为 2020 年

与御家汇合作“双十一”启动仪式合影，图 5. 14 为 2024 年与爱森电商合作“双十一”动员大会合影）。学生通过真实业务场景的实践，全面了解企业电子商务运作模式与流程，积累了宝贵的实战经验。

图 5. 13　御家汇“双十一”启动仪式

图 5. 14　爱森电商“双十一”动员大会

这一实训模式不仅显著提升了学生的专业技能和职业素养，还为学生树立正确的世界观、人生观和价值观提供了实践平台，同时将劳动教育融入教学全过程，助力学生全面发展。

（三）服务成效

1. 学生实践技能显著提升

通过真实平台和项目的持续训练，学生熟练掌握了网络客服的全流程操作，包括客户咨询、订单处理、售后服务及后台管理等技能。校企联合培养的模式使学生的实践能力大幅提升，成果显著：在全国职业院校技能竞赛中，获得国家一等奖 1 项、二等奖 3 项、三等奖 1 项；在湖南省职业院校技能竞赛中，累计斩获省级一等奖 10 余项。这些成绩充分体现了学生在专业技能上的卓越表现。

2. 就业竞争力大幅增强

通过参与企业文化熏陶和真实业务场景实践，学生在目标感、团队意识、时间管理、自律能力、职业道德和合作意识等方面得到了全面提升。每年电商专业专场招聘会吸引了众多知名企业参与，企业对学生的评价普遍较高。近年来，该专业毕业生就业率始终保持在 95%以上，且实现了高质量就业，充分体现了校企合作的成效。

3. 教师实践能力全面提高

长沙民政职业技术学院每年派遣至少 2 名教师以顶岗实践形式参与“双十一”实训项目，教师全程参与项目实操与学生管理。这一实践不仅提升了教师的课程建设能力和实操水平，还增强了其横向课题研发能力。目前，该专业“双师型”教师比例已达 62.5%。此外，与长沙市爱巴森网络科技有限公司合作开发的“客户服务与管理”教材被评为国家“十四五”规划教材，进一步彰显了教师团队的专业实力。

4. 校企合作模式创新发展

基于“双十一”实训的成功经验，2024 年，学院与爱巴森网络科技有限公司联合推出“民政 & 爱森”订单班，首批学员 36 名。订单班通过校企深度合作，实现教育与产业的无缝对接，培养出更符合市场需求的高素质电子商务人才。这一创新模式不仅为学生提供了更精准的职业发展路径，也为企业输送了具备实践经验和创新能力的优秀员工，进一步推动了校企合作的可持续发展。

八、打造女书 IP，助力非遗传承

（一）背景与专业介绍

自 2003 年成立以来，湖南工业职业技术学院电子商务专业始终秉承“爱国、求知、创业、兴工”的楚怡精神，紧扣学校“植根装备制造业，服务湖南新型工业化”的办学方向，致力于培养兼具德技双修、商工并重、双创融合能力的新商科人才。专业建设成果显著，学生曾获全国职业院校技能竞赛一等奖 2 项、“挑战杯”全国大学生课外学术作品竞赛一等奖 1 项，以及省级职业院校技能竞赛一等奖 5 项。教师团队也屡获殊荣，包括湖南省职业院校教师教学能力比赛一等奖和省级教学成果奖等。2023 年，电子商务专业的人才培养方案被评为优秀等级，彰显了其在职业教育领域的领先地位。

（二）案例描述

湖南省江永县是世界唯一女性文字——女书的发源地。作为中国首批非物质文化遗产，女书起源于汉代，承载着独特的文化价值。然而，江永县曾因经济落后、交通闭塞而被列为贫困县，女书的传承也因“母传女、老传少”的单一模式和“人死书焚”的习俗面临濒危困境。为破解这一难题，湖南工业职业技术学院电子商务专业副教授胡敏于 2021 年牵头组建了女书创新创业团队，通过校地合作、产教融合，为女书文化的传承与推广注入新动能。

1. 打造文旅品牌，赋能村域经济

团队充分发挥电商专业优势，结合江永县丰富的旅游资源，创新性地提出“非遗+文化+电商”的乡村振兴模式。通过与江永县文旅局、女书博物馆等多方合作，团队为景区管理者和留守妇女量身定制电商技能培训，采用“线下授课+线上答疑+平台实操”的教学模式，教授直播带货、短视频制作等实用技能。学员在旅游景点和女书博物馆拍摄短视频、开展直播带货，成功实现了文旅资源的线上引流。

团队还为江永县设计了三条极具女书特色的旅游线路——女书研学游、女书亲子游和女书瑶寨游，吸引了大批游客前来体验。同时，通过“实体店+电商平台+直播”的全矩阵营销模式，团队帮助当地孵化了新媒体电商运营团队，将文旅产品推广至全国乃至共建“一带一路”国家。此外，团队与当地联合创立“恋湘记”品牌，将女书元素融入文创产品，打造了淘宝店和小程序平台，助力文旅经济实现线上线下融合发展。

2. 讲好女书故事，传承非遗魅力

为扩大女书的社会影响力，团队于 2023 年启动了“讲好女书故事，领略非遗魅力”活动。通过邀请国家级女书传人胡美月走进高校开展讲座，成功激发了青年群体对非遗文化的兴趣与热爱。在世界读书日，团队走进长沙市岳麓区博才中海小学，带领 2100 余名小学生诵读女书，感受千年非遗的独特魅力（见图 5.15）。

图 5.15　女书文化走进校园

与此同时，团队积极推动女书文化“走出去”。在中非创新创业国际论坛上，团队向布隆迪总统夫人安热莉娜介绍女书文化，成功向国际友人讲述中国非遗故事；在中非国际博览会上，团队展出了自主研发的女书文创产品，吸引了来自世界各地的游客驻足购买，为女书文化“出海”打开了新局面（见图 5.16）。

图 5.16　女书文化国际推广

（三）服务成效

1. 助力江永县“非遗+旅游”文旅经济模式

通过团队的努力，江永县的文旅经济实现了显著增长。2023 年，江永县旅游人数较 2022 年增长了 35%，旅游经济增幅达 28. 73%。团队协助开发了 12 大系列、100 余种女书文创产品，并原创设计了 15 个 IP 形象。团队拍摄的 127 个短视频在抖音、快手等平台累计浏览量超过 400 万次，为上江圩镇留守妇女每年创收 20 余万元，有力地推动了当地的经济发展。

2. 反哺专业建设，提升人才培养质量

女书项目的实施不仅为地方经济注入活力，也为学校的专业建设和人才培养提供了宝贵资源。团队将项目实践与课堂教学深度融合，形成了多个文旅品牌建设、电商平台运营和新媒体营销的教学案例，为学生提供了真实的实践场景和创新创业的机会。团队在项目中积累的经验和成果也为学校赢得了广泛的社会关注与荣誉。

团队的工作得到了新华社、中国新闻网等国家级媒体的报道，相关内容浏览量超过 1000 万次，并被加拿大、中国香港等媒体全文转载。团队入选了教育部 2023 年高校“礼敬中华优秀传统文化”宣传教育活动名单。此外，胡敏带领的学生团队连续两年斩获全国及省级职业院校技能大赛创新创业赛项一等奖，彰显了学校在非遗传承与创新创业领域的卓越实力。

九、探索“产教+科教”双融合 打造“育人+助农”新模式

（一）背景与专业介绍

湖南化工职业技术学院电子商务专业自 2007 年成立以来，始终秉承“服务地方、依托产业、产教融合”的建设理念，致力于培养高素质电子商务人才。截至 2024 年，电子商务专业累计为社会输送了 2331 名优秀毕业生，到 2024 年上

学期在校生人数达645人。专业团队实力雄厚，现有专任教师27名，其中教授4名、副教授8名，高级职称比例达44.44%；企业导师5名，博士1名，“双师型”教师比例高达78.31%。此外，专业教师在各级教学能力比赛中屡获殊荣，包括国家级奖项2项、省级奖项10余项；学生在全国和省级职业技能竞赛中累计获奖51项。

在教学资源建设方面，电子商务专业已建成5门省级和校级精品在线开放课程，拥有8个校内实训室及8个校企合作实习实训基地。作为教育部双师型教师培养培训基地，2020~2024年共开展师资培训项目12个，培训教师189人次；同时，面向行业、企业和社区开展职业技能培训，每年培训1400余人次。国际化方面，专业积极对接“一带一路”倡议，开展“中巴中文+电子商务”培训，为巴基斯坦培养电子商务人才200余人，并输出电子商务课程标准2个。毕业生就业表现优异，初次就业率稳定在90%以上，用人单位满意度高达97%。

（二）案例描述

在全面推进乡村振兴的时代背景下，湖南化工职业技术学院电子商务专业紧扣党的二十大报告提出的“乡村产业、人才、文化、生态、组织振兴”目标，积极响应2023年中央一号文件关于“发展面向乡村振兴职业教育”的号召，依托专业优势，探索“产教+科教”双融合模式，成功打造“育人+助农”的创新路径。

1. 政、校、企合作，搭建双融合平台

电子商务专业充分利用学校乡村振兴工作资源，与地方政府、企业和村民委员会紧密合作，深入调研乡村发展需求，形成了政、校、企协同发展的合作机制。与安仁县乡村振兴局共建乡村振兴学院，与安仁县深塘村、茶陵县龙江村等地签订“一村一品”协议，搭建了电商服务地方经济的桥梁。这一平台不仅深化了产教融合，也为乡村振兴注入了新动能。

2. 项目驱动，构建产教融合赋能路径

以乡村振兴为目标，电子商务专业将人才培养与乡村发展项目紧密衔接，形成了“课程教学—技能提升—社会实践—产业服务”四位一体的产教融合路径。在课程教学中，教师通过项目教学法，将龙江村康成庄园茶叶网店推广等乡村元素融入“市场调查与分析”“新媒体营销”等课程，提升学生实践能力。在技能提升方面，学生积极参与湖南省首届乡村振兴公益直播大赛等活动，展现专业风采。在社会实践中，师生团队通过“三下乡”活动和乡村振兴培训班，帮助农户提升电商技能。

在产业服务方面，电子商务专业团队通过一系列创新举措助力乡村经济发展。例如，2018~2019 年，团队为红光村开发“炎陵特产商城”微信小程序，实现线上销售 4 万元；2020 年，通过直播试点销售黄桃等鲜果 5 万元；2021 年，组建“乡村振兴小主播联盟”，直接入驻黄桃种植基地开展户外直播，带货总额近 200 万元；2022 年，通过“一对一直播指导”，帮助村民运营农产品“视频号”，涌现出一批乡村网红主播。

3. 科学研究赋能乡村振兴，推动科教融汇

聚焦科技兴农，电子商务专业成立了职业教育与乡村振兴科研团队，围绕乡村产业发展开展多项课题研究，为乡村振兴提供理论指导。例如，教师团队在“数字乡村战略下农民数字素养与技能培训问题研究”等领域取得了重要成果。在产业赋能方面，团队深挖炎陵黄桃基地的农旅融合潜力，指导村民创作“水西风光”系列短视频，推广红军文化和自然风光，助力乡村文旅发展。

在技术研发方面，电子商务专业与制药专业合作，组建“赋能乡村振兴，黄桃精酿啤酒”创业团队，成功开发黄桃啤酒产品，目前已完成专利申请及试产试运营，为乡村产业注入科技动能。

（三）服务成效

1. 提升乡村本土人才职业技能与专业素养

通过系统培训与实践指导，乡村本土直播人才队伍不断壮大。例如，2023 年，红光村、水口村等地的本土网红主播已能够熟练开展直播带货，成功实现应季农产品的高效销售。

2. 增强学生乡土情怀与专业技能

通过将乡村振兴项目融入教学与竞赛，学生不仅提升了专业技能，还厚植了知农、爱农的情怀（见图 5.17）。在各类技能竞赛中，学生屡获佳绩（见图 5.18），获得国家二等奖 1 项，省一等奖 1 项，省二等奖、三等奖若干项。

图 5.17　乡村振兴元素融入人才培养

图 5.18　技能竞赛屡获佳绩

3. 提升教师教学能力与科研水平

教师通过将乡村元素融入课程建设和教学竞赛，教学能力显著提升，获得省级教学能力竞赛一等奖 1 项、三等奖 2 项；“市场调查与分析”“新媒体营销”两门课程成功立项为省级精品在线课程。此外，团队还成功立项湖南省自然科学基金项目 1 项、市级课题 10 余项，科研能力进一步增强。

十、“133 数商”消费帮扶，助农兴农显担当

（一）背景与专业介绍

湖南信息职院电子商务专业于 2001 年开始招生，现已有毕业生 4871 人，在校生 808 人，电子商务专业为湖南省教学改革试点专业、中央财政支持建设重点专业，2016 年获批湖南省生产性实习实训基地建设专业（2018 年认定为教育部高等职业教育创新发展行动计划项目）；2020 年获批为“长沙市一流特色专业群”建设项目的核心专业，2022 年为长沙市社科联电子商务人才培养研究基地，2023 年认定为长沙市跨境电商人才孵化基地。目前，3 门课程为省级精品在线开放课程，1 门课程为市级在线开放课程，2 个案例获评为湖南省优秀教学案例，1 个案例获评为国家级优秀教学案例，“电子商务专业技能考核标准与题库”“电子商务专业人才培养方案”在湖南省高职高专院校专业人才培养方案评价中获评为“优秀”并通过验收。

（二）案例描述

电子商务专业积极响应国家巩固脱贫攻坚与乡村振兴有效衔接的政策号召，自 2021 年起策划并实施“133 数商行动”。该行动以长沙市为中心，依托电子商务数智优势，紧密对接本地文化、农业产业，搭建校企合作平台，实现共商、共建、共享、共赢。通过构建“课程+乡情”“专业+农情”“创业+温情”三位一体行动体系，精准对接乡村文化旅游需求，利用数字营销渠道带动乡村旅游发展，助力“一县一特”农产品电商上行，并激活残障人士内生动力。此行动得到了当地政府、小微企业、农户等的广泛赞誉。

1. 党建赋能，文化数字齐驱动，思政育人新实践

“133 数商”行动致力于培养“知农情、亲农村、爱农民”的新时代农村电商人才。为此学院扎根雷锋家乡，建立了以二级学院党总支书记、院长为组长的行动领导小组，以党建引领行动高质量发展，在实践过程中将教学搬到了乡村、搬到了

红色基地、搬到了文化古镇、搬到了慈善超市。学生在数字经济环境的学习中深入生活，受到乡村文化、红色文化、湖湘文化、非遗文化、商旅文化的熏陶，他们在学习中思考当下电商人的使命担当、责任意识，传承和弘扬好中国传统文化。

2. 造血提能，渠道数字联动，精准帮扶暖人心

“133数商”行动通过职业教育精准帮扶，为农民、残障人员提供直播运营、短视频剪辑等技能培训，增强其职业技能。同时，利用数字营销渠道对接乡村旅游、特色农产品产业，讲述文化故事，传播乡村美，畅通农产品上行通道，推动形成高效、低成本的农产品产销新通道，实现精准帮扶，温暖人心。

（1）对接“网红文旅”，传播美丽乡村。自2021年起，行动团队精准服务本地文旅需求，打造“云游望城”等教学活动，以直播展现乡村之美，驱动文旅发展。融合红色、湖湘、非遗等文化元素，借助新媒体平台打造“网红打卡点”。截至2024年底，发布600多条短视频，播放超200万次；直播30多场，吸引30多万人次观看，以文化旅游为引擎，助力乡村经济繁荣。

（2）聚焦“数商兴农”，助力农产品上行。聚焦“数商兴农”，行动团队深耕农产品上行通道。通过“情牵脱贫攻坚”“三下乡”等一系列活动，有效对接本地特色农产品，推动“一县一特”电商发展。利用长沙自然与人文资源，精准服务农户，解决实际问题。截至2024年底团队助力“乌山贡茶”品牌升级，为靖港镇蔬菜园、老宋草莓基地等举办活动，促进农旅复苏。特别是在浏阳淳口镇，直播带货累计交易超5万元，减轻雪灾损失。同时，在高桥镇开展直播培训，打通农户产供销链条，助力农产品顺畅销售（见图5.19）。

图5.19　师生直播培训拓展销售新技能

（3）关注特殊群体，拓展生活新渠道。行动团队聚集特殊群体，筹建慈善公益超市，设立爱心义卖专柜，销售残障人士手工艺品，并通过多渠道宣传（见图 5.20）。累计提供志愿服务 33 次，服务 5000 多人，组织 728 人参与，时长超 3000 小时，义卖货款 3000 余元。此外，团队走进残疾人创业孵化基地，开展短视频、直播电商培训 2 次，助力 200 多名残障人士圆梦，激活其内生动力。

图 5.20　师生助力残障人士进行爱心义卖

（三）服务成效

“133 数商”行动自实施以来，以服务地方经济发展为宗旨，以长沙市为中心足迹遍布长沙、望城、浏阳、宁乡等周边乡镇，累计建立 14 个专业实践基地，产销帮扶小微企业 18 家，技术技能助力农民、商户、残障人士等 7000 余名，服务时间逾 60000 小时，实现销售 9411 余万元，实现公益创业收入 5000 余元；行动团队已先后获得省级奖励 14 项，相关事迹被学习强国、新湖南、红网、《潇湘晨报》、中国教育在线等多家媒体报告 10 次，产生了强烈反响。

十一、创新实践教育，培养高素质电商人才

（一）背景与专业介绍

自 2004 年设立以来，湖南大众传媒职业技术学院电子商务专业作为湖南省内电子商务教育的先行者，已为社会输送了超过 8000 名高素质人才。目前，电子商务专业在校生人数达 506 人，形成了以传媒特色为依托的创新型人才培养体系。通过岗课融通、校企合作及项目驱动的教学模式，专业于 2019 年率先探索现代学徒制，致力于培养适应行业需求的应用型电商人才。

电子商务专业拥有一支实力雄厚的师资队伍，高级职称教师占比达 80%，“双素质型”教师比例高达 85%。此外，专业还建成了省级名师工作室、省级教师创新团队，并配备了 4 个高等级校内实验室和 18 个校外实训基地，为学生提供了优质的学习和实践环境。在课程建设和科研方面，专业主持和参与了多项省级精品课程项目，教师团队主编教材 7 部、出版专著 2 部，累计发表学术论文 60 余篇，屡获省级教学和科研奖项。学生在各类技能竞赛中表现优异，毕业生就业率稳定在 92.5%以上，其中 27%的毕业生选择自主创业，充分展现了专业的教育成效和社会价值。

（二）案例描述

湖南大众传媒职业技术学院电子商务专业以创新实践教育为核心，通过多维度的教学实践和校企合作，全面提升学生的专业技能和创业能力。

首先，专业注重创业素质的全程培养。从一年级起，学生便在导师的指导下利用淘宝、抖音、微店等平台开设网络店铺，开展创业实践。这种方式操作灵活、成本低廉，为学生提供了真实的创业体验。例如，大一新生的淘宝创业率高达 95%以上，充分体现了这种模式的实际效果。与此同时，专业构建了“教、学、做、评”一体化的实践教学体系，通过校企合作和真实项目驱动，让学生在实践中掌握电商运营的全流程。

其次，专业通过参与大型活动和企业实习，进一步强化学生的实战能力。以2018级学生为例，他们在“双十一”期间参与了天猫直播实习和荣耀客服实习，通过真实的工作场景锻炼了专业技能（见图5.21）。此外，在校园商贸节中，学生依托跨境电商平台和海淘购物平台完成综合实训和毕业设计，全面体验了电商运营的全过程。电商直播作为新兴业态，也被纳入教学实践，大二学生通过直播带货、泛娱乐等形式，提升了实战能力和职业素养。

图5.21 “双十一”天猫直播实习

校企合作是专业实践教育的重要支撑。专业与湖南星火丰城科技有限公司等多家企业建立了深度合作关系，推动现代学徒制试点工作，并为学生提供实习和就业机会。在顶岗实习期间，企业资深人员直接担任学生的实训指导教师，手把手传授经验，帮助学生实现从校园到职场的“零距离”过渡。

最后，专业在学科技能竞赛中屡创佳绩。自2017年以来，学生在全国和湖南省各类技能竞赛中斩获多项荣誉，包括湖南省技能大赛一等奖2项、二等奖5项、三等奖7项。这些成绩不仅体现了学生的专业能力，也彰显了专业的教学质量和培养水平（见图5.22）。

（三）服务成效

湖南大众传媒职业技术学院电子商务专业通过创新实践教育，取得了显著的成果，具体体现在以下几个方面：

第一，在人才培养方面，专业将创业素质教育贯穿于学生的整个学习过程，从创业意识的培养到创业实践能力的提升，形成了完整的“三创素质教育”（创

图 5.22　省电子商务技能竞赛获奖

新、创意、创业）体系。通过以赛促学、以赛促教、校企共赢等方式，学生的创业意识和实践能力得到了全面发展。

第二，导师制的实施为学生提供了个性化的指导和支持。通过利用网络平台开设店铺，学生在实践中积累了宝贵的创业经验，大一阶段的淘宝创业率高达95%以上，充分体现了这种模式的可操作性和实际成效。

第三，一体化的实践教学体系和校企合作模式为学生提供了真实的职业场景和实践机会。在校期间，学生通过企业实习和项目实践，掌握了电商运营的全流程技能，为未来的职业发展奠定了坚实基础。

第四，专业在社会影响力和经济效益方面也取得了显著成效。毕业生就业率稳定在 92.5%以上，自主创业率达 27%，为社会输送了大量高素质电商人才。通过与企业的深度合作，专业不仅为学生提供了实习和就业机会，还推动了电商行业的人才培养模式创新。

第五，专业紧跟行业发展趋势，将电商直播等新业态纳入教学实践，培养了一批具有创新能力和实战经验的优秀人才。这些学生在直播带货等领域表现出色，为行业注入了新鲜血液，赢得了广泛的社会认可。

十二、电商传非遗，展现职教力

（一）背景与专业介绍

自2004年设立以来，湘西民族职业技术学院电子商务专业始终秉承“崇德尚技 求真务实”的办学理念，致力于服务湘西地区经济社会发展，探索出了一条以“商兴乡、技兴业”为核心的特色职业教育之路。电子商务专业现有在校学生923人，专兼职教师43人，其中3名教师入选教育部职业教育创新团队。近年来，专业团队通过培养高素质农民、营销管理人才及网络达人，累计培训学员超过3000人，助力湘西州30余家企业发展，年均创造经济效益超500万元。多名教师获得湘西州“优秀科技特派员”“技术能手”等荣誉称号，充分展现了职业教育服务地方经济的核心价值。

（二）案例描述

湘西民族职业技术学院作为“国家级非遗传承人群研培学校”“国家级非遗技能培训基地”及“湘西州非遗进校园示范学校”，自2018年以来，积极参与“中国非遗传承人群研修研习培训计划”，通过举办“土家织锦创新产品设计”“蜡染创意产品设计”等研培班，累计培养非遗传承人500余人次，为湘西非物质文化遗产的保护与传承作出了重要贡献。电子商务专业作为学院的品牌专业，充分发挥自身优势，将非遗文化融入专业教学与实践，探索出“电商+非遗”的融合发展模式。

1. 打破学科壁垒，非遗融入课堂

依托湘西丰富的非物质文化资源，电子商务专业创新性地将非遗元素融入课程体系，修订人才培养方案，将“苗族蜡染”“苗绣”“苗银制作”及“湘西民俗旅游文化”等课程纳入教学内容，激发学生对民族文化的兴趣与自信。在“网店运营”课程中，设置了湘西“非遗”店铺开设与运营实训；在“电商美工”“电商直播运营推广”及“非遗短视频制作与运营”等课程中，全面植入非遗元素，设计实战化项目，开展线上推广活动。通过 56 场非遗直播活动及协助开设 80 余家非遗线上店铺，学生不仅掌握了电商技能，还切实参与到非遗文化的推广与传播中。

2. 传承技艺精髓，培养非遗学徒

湘西民族职业技术学院充分利用湘西地区学生家庭多为非遗传承人后代的优势，实施“电商+非遗”学徒制教学模式。学生在校期间积极参与非遗展演及线上推广实践，实现电商技能与非遗技艺的双向融合与传承（见图 5. 23）。通过与湘西七绣坊苗服饰文化有限责任公司、龙山县叶氏民族工艺有限公司等企业合作，累计培养非遗电商学员 150 余人，为非遗传承注入了年轻力量。

图 5. 23　学生服务湘西非遗活动

3. 差异化培养模式，助力乡村振兴

湘西民族职业技术学院创新分层教学模式，依据学生兴趣与特长开展差异化培养。第一年以电商基础知识为主，系统教授店铺运营、视觉设计及直播技能；第二年组建电商“非遗”小班，结合学徒制教学，将电商技能与非遗推广深度融合，如图 5. 24 所示；第三年以企业实践为主，选取非遗龙头企业作为教学基地，签订联合培养协议，全面提升学生实践能力。通过“3+3”（每周 3 天校内学习、3 天企业实践）和“4+6”（每日 4 小时理论学习、6 小时实操训练）等模式，学生在实践中增强了专业自信与民族自信，坚定了留乡发展的信念。

图 5.24　叶水云大师讲授土家织锦技艺

（三）服务成效

1. 助力非遗线上推广，创造经济效益

电子商务专业师生积极参与湘西非遗传承与推广活动，承担“中国非遗传承人群研修研习培训计划”的线上推广任务，指导非遗学员开设网店、抖音小店及微店，传授直播带货技巧，激发了非遗传承人的创新热情。通过搭建“电商+非遗”“电商+文旅”直播基地，与当地苗绣、土家织锦企业合作，累计开展 50 余场直播带货活动，发布相关软文 100 余篇、小视频 30 余条，直接或间接地为湘西非遗产业创造销售收入近 100 万元。这一成果获得湖南经视、红网及湘西州团结报等主流媒体的广泛报道，进一步提升了湘西非遗的社会影响力。

2. 推动专业集群发展，探索融合创新路径

湘西民族职业技术学院以电子商务专业为核心，积极探索“电商+”融合发展模式，提出“一专二升三融合”的办学思路。“一专”即专注服务湘西地方经济发展；“二升”即提升专业服务地方经济能力与学生培养质量；“三融合”即开展“电商+现代农业”“电商+文旅”“电商+非遗”融合研究，形成“1（电商）+N”办学格局。2022 年，电子商务专业作为核心专业成功申报湖南省楚怡高水平专业群（生态农业技术），并获批湖南省教育厅科学研究项目优秀青年项目——基于湘西非遗传承的职业院校电子商务专业人才培养融创研究。通过湘西文旅直播间的持续发声，湘西民族职业技术学院在“农旅商遗”融合发展方面成效显著，为湘西地区经济社会发展注入了新动能。

第六章　湖南省高职学校电子商务专业发展建议

为了推动湖南电子商务专业发展，理当构建一个适应市场需求、培养高素质人才的高质量教育体系。在宏观层面，需要完善政策环境，优化专业布局，构建基于专业认证的质量监控体系，确保人才培养质量；在中观层面，需要深化校企合作与产教融合，打造市域产教联合体与行业产教融合共同体，筑牢“两融”一体化人才培养体系；在微观层面，需要不断优化知识结构，强化技能培养，打造高素质电商人才培养体系。“宏观—中观—微观”三个层面相互补充与支持，才能更好地培养更多高质量的技术技能人才，为湖南省乃至全国职业教育发展做出贡献。

一、宏观层面：完善政策环境，优化专业布局，构建省域特色专业体系

（一）完善法律法规

建立健全电子商务领域的法律法规体系，明确各方权责，保障市场公平竞争，为电子商务专业发展提供坚实的法律保障。

1. 数据安全与隐私保护

制定专门的数据保护法。随着电子商务的发展，大量的用户数据被收集、存储和使用。为了保护用户的合法权益，应制定专门的数据保护法，明确数据的收集、使用、存储、传输和销毁等环节的规则和要求，规定数据主体的权利和数据

控制者的义务，建立数据泄露的报告和通知机制，加大对数据违法行为的处罚力度。

加强跨境数据流动管理。在全球化背景下，跨境数据流动日益频繁。应建立跨境数据流动的管理制度，明确跨境数据流动的条件和程序，加强与国际组织和其他国家的数据保护合作，共同应对跨境数据流动带来的挑战。同时，要积极参与国际数据保护规则的制定，提升我国在数据保护领域的国际话语权。

2. 知识产权保护

完善电子商务领域的知识产权法律法规。针对电子商务中出现的新型知识产权问题，如网络域名、网页设计、数据库等，及时完善相关法律法规，明确其知识产权属性和保护范围。同时，加强对电子商务平台上的知识产权侵权行为的监管和处罚，建立知识产权投诉处理机制，提高知识产权保护的效率和水平。

加强知识产权执法。加大对电子商务领域知识产权侵权行为的打击力度，建立跨部门、跨区域的知识产权执法协作机制，加强线上线下协同执法，提高执法的针对性和有效性。同时，加强知识产权司法保护，提高知识产权案件的审判质量和效率，为电子商务的创新发展提供有力的司法保障。此外，还应加强知识产权宣传教育，增强全社会的知识产权保护意识。

3. 电子合同与电子签名

完善电子合同法律法规。明确电子合同的法律效力、成立条件、履行方式和违约责任等，规范电子合同的订立、变更和解除等行为，保障电子合同当事人的合法权益。同时，加强对电子合同格式条款的监管，防止不公平条款的出现。

推广电子签名的应用。制定电子签名的技术标准和管理规范，加强电子签名的认证和管理，提高电子签名的安全性和可靠性。鼓励电子商务企业采用电子签名，推动电子签名在电子商务中的广泛应用，提高交易效率，降低交易成本。并且要不断完善电子签名的相关技术，以应对日益复杂的网络环境和安全威胁。

4. 消费者权益保护

完善消费者权益保护法律法规。针对电子商务中消费者面临的特殊问题，如虚假宣传、商品质量、售后服务等，完善相关法律法规，明确消费者的权利和经营者的义务，建立消费者投诉处理机制和纠纷解决机制，加强对消费者的教育和引导，增强消费者的自我保护意识和能力。

加强网络交易监管。建立网络交易监管平台，加强对电子商务平台和经营者的日常监管，及时发现和处理违法违规行为。加强对网络商品和服务的质量监测，加大对假冒伪劣商品和欺诈行为的打击力度，维护网络交易市场的秩序和公平竞争环境。另外，还要建立健全消费者信用评价体系，对不良消费者行为进行约束和规范。

（二）出台扶持政策

加大对电子商务专业发展的扶持力度，制定和落实校企合作、产教融合政策，如资金扶持、税收优惠等，鼓励企业和社会资本投入电子商务领域，让老师和学生“走出去”，借助企业资源弥补学校资源不足的问题，培养高质量电商专业人才。

1. 财政政策

设立电子商务发展专项资金。政府应设立电子商务发展专项资金，用于支持电子商务平台建设、企业应用电子商务、电子商务人才培养、技术研发和创新等。专项资金的使用应遵循公开、公平、公正的原则，通过项目申报、评审等方式确定支持对象和支持金额。

给予税收优惠。对电子商务企业给予税收优惠，如减免企业所得税、增值税等。对电子商务企业的研发投入、技术改造等给予税收抵免或加计扣除。对电子商务创业者给予税收减免，鼓励更多的人投身电子商务创业。同时，对于积极参与电子商务扶贫项目的企业，应给予更大力度的税收优惠。

2. 金融政策

加大信贷支持力度。鼓励金融机构加大对电子商务企业的信贷支持力度，创新信贷产品和服务方式，降低信贷门槛，提高信贷审批效率。建立电子商务企业信用评价体系，为金融机构提供信用参考，降低金融机构的信贷风险。

发展股权融资，支持电子商务企业。通过上市、发行债券、股权融资等方式筹集资金。建立电子商务产业投资基金，引导社会资本投向电子商务领域，促进电子商务企业的快速发展。此外，还要鼓励金融机构为电子商务企业提供并购重组的金融服务。

3. 人才政策

加强电子商务人才培养。支持高校和职业院校开设电子商务专业，优化课程设置，加强实践教学，培养适应市场需求的电子商务专业人才。鼓励企业与高校、职业院校合作，建立产学研合作基地，共同培养电子商务人才。

引进高端人才。制定电子商务高端人才引进政策，对引进的高端人才给予住房补贴、子女入学、医疗保障等方面的优惠待遇。建立电子商务人才库，为电子商务企业提供人才服务和支持。同时，为高端人才提供良好的科研环境和创新平台。

4. 产业政策

培育电子商务产业集群。结合地方产业优势，培育电子商务产业集群，打造电子商务产业园、电商小镇等产业载体。加强产业集群内企业之间的合作与交流，完善产业链条，提高产业集群的竞争力。

推动传统产业与电子商务融合发展。鼓励传统产业企业应用电子商务，实现转型升级。支持传统产业企业开展电子商务业务，给予政策和资金支持。加强传统产业与电子商务企业的合作，促进线上线下融合发展，提升传统产业的发展水平。并且要加强对电子商务产业集群的基础设施建设，提供高效的物流配送、网络通信等服务支持。

（三）优化专业布局

结合区域经济特色和行业发展趋势，精准定位电子商务专业的培养方向，确保专业设置与市场需求紧密对接。

近年来，湖南省高职学校结合区域产业发展，调整优化专业结构，实现专业点和在校生规模稳步增长。但专业设置与产业发展吻合度存在差异，新设专业与区域产业需求不匹配。湖南省作为中部崛起、长江经济带、粤港澳大湾区等重大区域发展战略叠加实施区，需提升职业教育与区域发展的匹配度。应锚定“三高四新”目标，围绕“4×4”现代化产业体系，持续优化产业布局，构建“院校集群+功能板块”“专业集群+产业链”的院校和专业布局生态系统，不断提高职业教育与区域经济社会发展的匹配度，加快形成新质生产力，推动湖南省经济高质量发展。

1. 紧密对接区域经济，优化专业布局

高职学校专业结构与区域经济相适应是职业教育可持续发展的基石。湖南省高职学校应紧密结合区域经济特色和产业发展趋势，精准定位各专业的培养方向，确保专业设置与市场需求高度契合。

精准对接主导产业，优化专业结构。为实现这一目标，高职学校需对湖南省的主导产业如汽车及零部件、机械制造、钢铁、有色金属冶炼等工业制造业，以及商贸流通、文化旅游等服务业进行深入调研与分析。基于这些调研结果，对现有专业结构进行优化调整，强化与主导产业紧密相关的专业，同时缩减市场需求较小的专业，并积极增设与新兴产业、未来产业相关的专业。此外，高职学校应依托自身特色和优势，强化特色专业建设，形成专业特色和品牌优势，提高专业竞争力和影响力。为确保专业结构与产业发展保持高度一致，应建立动态调整机制。通过政府、学校、行业、企业的联动，成立高职专业设置指导委员会，加强对专业设置的管理和审查。通过定期评估与修订，确保教育供给与市场需求精准匹配，为湖南省主导产业提供有力的人才支撑。

加强区域经济与职业教育的互动。为增强区域经济与职业教育的互动性，应建立稳固的产学研合作平台，促进高职学校与地方政府、企业和科研机构间形成紧密的合作伙伴关系，实现资源共享和优势互补，从而推动职业教育与区域经济的深度融合。同时，高职学校应积极参与地方政府制定的区域经济发展规划，精准把握地方经济发展的动态趋势和产业升级转型的迫切需求，并根据规划要求及时调整专业设置和课程内容，确保教育供给与市场需求精准匹配，提升教育服务的针对性和实效性。此外，为满足地方产业的特定需求，高职学校应提供定制化的人才培养服务，如与企业合作开设订单班、冠名班等，培养符合企业需求的高素质技术技能人才。

2. 瞄准新质生产力，推动专业布局创新

近年来，湖南省明确以先进制造业为主导构建现代化产业体系，为湖南高校优化学科专业提供了重要机遇。新质生产力本质上是先进生产力，是生产力发展的新阶段，具有高科技、高效能、高质量等鲜明特征，这要求高校明晰学科专业布局的理念思路，走出既有学科专业的“舒适区”，湖南省高职学校应瞄准新质生产力的发展方向，优化专业布局，培养创新人才。

聚焦新质生产力发展方向，精准对接产业需求。对湖南省的先进制造业、战略性新兴产业及未来产业的发展趋势进行深入调研，了解其对人才的需求、技术发展方向及市场变化。聚焦数字化、智能化、绿色化等新质生产力的发展方向，将发展战略性新兴产业和未来产业摆在突出位置。加强与新质生产力发展方向紧密相关的人工智能、大数据、新能源等相关专业建设。要适应加快形成新质生产力对人才市场需求总量和结构变化，实施专业结构调整优化和内涵提升，提高人才培养与社会需要的匹配度。

加快新兴专业建设与发展，培养创新人才。增加对人工智能、大数据、新能源等新兴专业的投入，确保这些专业在资金、师资、实验设备等方面得到有力保障。同时，鼓励跨学科合作与交流，构建跨学科研究平台，促进不同学科之间的知识融合和技术创新。注重培养学生的创新精神和实践能力，通过项目驱动、实践教学等方式，培养具有创新精神和实践能力的高素质人才，以满足新质生产力对人才的需求。

深化产教融合，提升人才培养质量。积极与先进制造业、战略性新兴产业等领域的企业开展紧密合作，共同制订人才培养方案，实现教育资源与产业资源的优势互补。加强实习实训基地建设，为学生提供更多的实践机会，帮助学生更好地了解产业发展和市场需求。鼓励教师参与企业的研发项目，推动科技成果的转化和应用，同时为学生提供更多的科研机会和实践经验。

完善专业调整机制，提高专业适应性。完善专业调整机制，建立专业评估机制，加强专业动态调整，鼓励专业创新，确保专业布局始终与市场需求保持高度一致。定期对专业进行评估，了解专业的发展状况、市场需求及毕业生的就业情况，为专业调整提供依据。根据市场需求和产业发展趋势，及时调整专业设置和课程内容，确保专业与市场需求保持高度一致。鼓励教师根据市场需求和产业发展趋势，开设新的专业方向或课程，以满足市场对人才的需求。

（四）强化专业质量监控

以专业认证为抓手，构建专业质量监控体系，确保专业人才培养质量。

在高等教育日益普及的背景下，专业质量的高低直接关系到人才培养的成效和社会的认可度。因此，构建完善的专业质量监控体系显得尤为重要。专业认证作为这一体系的重要组成部分，其实施与推行对确保专业人才培养质量具有不可替代的作用。以专业认证为抓手构建专业质量监控体系，是确保专业人才培养质量的有效途径。构建基于专业认证的质量监控体系，是一个系统工程，需要从多个方面入手，确保监控体系的全面性和有效性。

1. 明确质量监控体系的目标和原则

构建与区域经济社会发展紧密契合的专业质量监控体系，确保专业人才培养质量符合社会需求和行业标准。坚持以学生为中心、成果为导向、持续改进为目的的质量观，树立教学标准意识，推进教学质量标准建设。

2. 构建多层次、多主体的质量监控体系

构建省—校—院三级质量监控体系。在省级监控层面，在湖南省教育厅的指导下，湖南省高职专业认证委员会负责制定和实施全省相关专业认证的制度和标准，对高职学校相关专业进行定期检查和随机抽查。在校级监控层面，由主管副校长、教务处、教学质量监控与评价中心等校级机构组成，负责政策、制度和执行保障，实施定期检查和随机抽查。在学院级监控层面，由各教学副院长、院级教学委员会、院级督导小组和班导师组成，负责在学院层面指导教学过程、教学管理和教学改革方案的实施。制订本院相关专业的教学质量监控计划，实施日常教学质量监控和评估，及时发现问题并采取措施进行改进。同时，引入教学督导专家、行业企业专家等多元评价主体，共同参与专业认证和教学质量监控，确保专业教育和市场需求紧密对接。鼓励学生参与教学质量评价和反馈，提高学生的主体性和参与度。

3. 完善质量监控制度与手段

围绕人才培养目标和办学定位，制定涵盖培养方案与大纲、学分制管理、学籍管理、教学组织与运行、教学建设与改革等方面的监控制度，明确教学质量要求和评价标准，加强对专业教学计划、教学大纲、课程设置、实践教学等环节的监控和管理，确保教学过程的规范性和有效性。

实施多样化监控手段，实施定期或不定期的教学检查和听课制度，了解教师的教学情况和学生的学习状态，开展学生评教、教师互评、行业评价等多元化评价方式，收集和分析教学质量信息。利用信息技术手段，如在线教学平台、大数据分析等，对教学过程和结果进行实时监控和分析。

4. 建立信息反馈与整改机制

建立包括教学督导反馈、学生教学信息员反馈、教师座谈会反馈、学生座谈会反馈、教学工作例会反馈等多渠道信息反馈机制，确保教学质量信息的及时、准确传递。根据教学质量监控结果和反馈信息，及时制订整改计划和措施。加强对整改过程的监督和检查，确保整改措施的有效实施和落地，确保专业人才培养质量的持续提升。

构建基于专业认证的质量监控体系是确保专业人才培养质量的关键环节。通过明确监控目标，构建多层次、多主体的监控体系，完善监控制度与手段，建立信息反馈与整改机制等措施，形成科学、系统、有效的专业质量监控体系。未来，需进一步加强与产业界的合作与交流，不断提升专业的实践性和应用性，为经济社会发展培养更多的高素质人才。

二、中观层面：深化校企合作，推进产教融合，筑牢“两融”一体化人才培养环境

（一）深化校企合作

1. 校企共同培养人才、开展科学研究和技术创新

电子商务作为应用型很强的专业，着重培养学生利用电子商务手段帮助企业出售商品和提供服务的能力，校企共同培养人才是培养高职电子商务人才的必由之路。

第一，需要建立长期稳定的合作机制。高校与电子商务行业龙头企业、电子商务园区、电子商务协会签订长期合作协议，明确双方的责任和权利，确保合作关系的稳定性和持续性。

第二，共同制订人才培养方案。高校和企业根据市场发展情况、双方条件和优势，以市场需求电子商务岗位为培养目标，共同制订具有特色的电子商务专业人才培养方案，结合企业需求调整课程设置，确保培养出符合市场需求的人才。

第三，开展双师型教师队伍建设。高校邀请企业专家参与到电子商务专业教

学团队，将最新的行业发展动态、技术和工作方法引入课堂教学，增强学生对电商行业的了解，提高学生技能的市场适应性和职业素养；同时，鼓励教师去企业进行考察和实习，提高教师的实践能力。

第四，共同开展科研项目。高校与企业可以共同申请科研项目，开展前沿科研工作，促进科技成果转化，推动产学研深度融合。

2. 校企共建实习实训基地

校企双方基于双方的共同需求，共同建立多种形式的实习实训基地。

第一，校内新媒体创业孵化基地。结合新媒体运营领域许多企业采用人海战术及比较松散自由的管理现状，龙头新媒体运营企业牵头组建校内新媒体创业孵化基地。由企业发布产品、短视频和直播任务，学生在校企双方导师的指导下自主创业或者为特定账号完成任务，并获得相应酬劳。路径一：将任务植入具体课程，如视频制作、电商直播等课程。路径二：以学校电商协会为依托，组建创业团队。

第二，共建生产性实训基地。根据专业人才培养目标，与电子商务企业合作，结合双方共同需求的情况下，合作共赢，共建生产性实训基地。校企双方采用“双导师制”，利用企业的网店、直播间、视频拍摄设备和完备的员工培养体系等真实的工作环境，完成网店商品管理、店铺运营、视频拍摄与推广、直播销售等典型的电商工作任务，在实际工作过程中培养学生的实践能力。

第三，校企共建校内实训基地。以人才培养方案中实训课程为基础，完善校内软硬件实训条件，校企共建虚实结合的实训基地满足学生实训要求。具体包括电商运营实训室、视觉设计实训室、电商直播实训室、视频拍摄实训室、数据化运营实训室等。除了配备完善的机房、直播、短视频等硬件设备，还需要配备电商模拟仿真运营平台、数据分析平台等软件环境。

3. 拓展学生就业渠道和就业机会

市场电子商务方面的人才需求一直比较旺盛，电子商务类岗位需求的变化也比较快，需要为学生提供广阔的就业机会和发展空间。对拓展学生的就业渠道和就业机会，建立良好的校企合作关系具有重要的意义。

第一，多元化实习机会。学校可以与各类电商企业、跨境电商平台、电商服务提供商等建立合作关系，为学生提供多样化的实习机会。学生可以通过实习了解不同类型的电商企业运营模式，积累实际操作经验，为将来的就业打下基础。

第二，举办校企双向招聘会。定期举办校企双向招聘会，并且与招聘单位建立长期合作，定期访问交流，为学生和企业搭建交流平台，促进双方合作，提高就业率。

第三，创业孵化支持。学校设立电商创业孵化基地，与企业一起为有创业意向的学生提供创业指导、资源支持和项目孵化服务。帮助学生实现创业梦想，培养他们的创新精神和创业能力，拓展就业机会。

第四，行业认证培训。学校可以组织电商行业认证培训，如互联网营销师认证、阿里巴巴国际站推广员认证、京东商家认证等，帮助学生获取行业认可的证书，提升就业竞争力，以吸引用人单位的关注。

通过以上途径，高职学校电子商务专业可以更好地深化校企合作，促进人才培养、科研创新、实习实训和就业的发展，为学生提供更好的教育资源，带来更好的就业前景。

（二）推进产教融合

产教融合是职业教育发展的重要途径，可以有效地将学校的理论教学与实际工作紧密结合，提高学生的职业技能和综合素质，更好地满足社会经济发展的需求，对湖南省高职学校电子商务专业发展有极其重要的意义。推进产教融合，高职学校可以从以下几个方面进行：

1. 打造市域产教联合体

市域产教联合体应充分发挥地方政府在资源调配和协调方面的优势，通过政策引导、资金扶持等方式，促进区域内学校、企业、行业组织等多元主体的紧密合作。联合体可以定期组织产教对话活动，让学校了解企业的实际需求，企业也能参与到学校的人才培养过程中来。

地方政府应发挥引导作用，协调高职学校、电子商务企业、行业协会等多方资源，共同组建市域产教联合体。通过政策扶持和资金投入，推动联合体在人才培养、技术创新、社会服务等方面取得实质性进展。

建立联合体内部的合作机制，明确各方职责和权益，实现资源共享、优势互补。鼓励高职学校与本地电子商务企业开展深度合作，共同建设实训基地、研发中心等，为学生提供更多实践机会。

2. 构建行业产教融合共同体

行业产教融合共同体应以行业组织为纽带，汇聚行业内优质企业和学校资源，共同推动人才培养与产业发展的深度融合。共同体可以制定统一的人才培养标准，推动校企共建实训基地、联合实验室等实践教学平台，共同开发行业特色课程和教材，提升人才培养的针对性和实效性。

依托电子商务行业协会等组织，构建行业产教融合共同体。通过定期举办行业论坛、技能竞赛等活动，加强高职学校与行业企业的交流与合作，推动电子商务行业的发展与创新。

鼓励行业企业参与高职学校电子商务专业的教学改革和课程设置，根据企业需求调整教学内容和方式。同时，高职学校应积极向企业输送优秀人才，为行业发展提供有力的人才保障。

3. 建立专业发展与产业需求动态对接机制

为实现教学内容与职业需求的无缝对接，应建立专业发展与产业需求动态对接机制。通过定期的市场调研和行业需求分析，及时调整专业设置和课程安排，确保教学内容与产业需求保持高度一致。

加强市场调研，及时了解电子商务行业的发展趋势和市场需求。高职学校应根据市场变化调整专业设置和招生规模，确保人才培养与市场需求紧密对接。

建立定期沟通机制，高职学校与电子商务企业定期召开对接会议，共同商讨人才培养、课程设置、实践教学等方面的问题。通过及时反馈和调整，实现教学内容与职业需求的无缝对接。

4. 开发课程和编写教材

根据产业需求和行业发展动态，校企共同开发电子商务专业课程。课程内容应涵盖电子商务领域的最新理论、技术和实践案例，确保学生所学知识与实际应用紧密结合。

组织校企专家共同编写电子商务专业教材。教材应注重理论与实践的结合，突出实用性和前瞻性。同时，鼓励使用在线开放课程等数字化教学资源，提高教学效果和学生的学习兴趣。

5. 设计实践项目

实践教学是产教融合的重要组成部分。应加大实践教学的比重，通过校企合作、工学结合等方式，让学生在实践中学习、在实践中成长。同时，鼓励企业参与学生的实践指导和考核评价工作，提高实践教学的质量和效果。

校企联合设计实践项目，让学生在实践中掌握电子商务技能。实践项目可以围绕电子商务平台的运营、网络营销、数据分析等方面展开，注重培养学生的实际操作能力和创新能力。

建立实践项目考核机制，对学生在实践项目中的表现进行综合评价。同时，鼓励学生参与电子商务竞赛等活动，通过竞赛锻炼学生的实际操作能力和团队协作能力。

综上所述，湖南省高职学校电子商务专业发展在中观层面推进产教融合，需要地方政府、高职学校、电子商务企业等多方共同努力。通过打造市域产教联合体、构建行业产教融合共同体、建立专业发展与产业需求动态对接机制等措施，推动电子商务专业的教学改革和人才培养质量提升，更好地服务地方经济和社会发展。

（三）建立产学研用一体化平台

为了适应电子商务推动全球经济发展的新趋势，学校作为培养高素质人才的重要基地，必须积极探索产学研用一体化的新模式，推动电子商务技术创新和产业发展。通过技术创新，可以提高电子商务的运营效率、降低成本、提升用户体验，进而增强企业的市场竞争力。同时，技术创新还能够带动相关产业的发展，形成良性的产业生态。

电子商务技术创新和产业发展需要跨学科、跨领域的深度合作。学校建立产学研用一体化平台，能够有效整合学校、企业、研究机构等多方资源，形成优势互补、互利共赢的合作机制。通过该平台，学校可以及时了解市场需求和技术发展趋势，为电子商务技术创新提供有力支持；企业可以借助学校的科研力量，提升产品竞争力和市场占有率；研究机构则可以依托平台，开展前沿技术研究，推动科技成果转化。搭建产学研用一体化平台可以从以下几点出发：

1. 明确平台定位

根据学校特色和优势，明确平台在电子商务技术创新和产业发展中的定位，如技术研发、人才培养、成果转化等，发挥科研实力、人才资源等优势，提供科研成果、技术创新和人才培养支持。产学研用一体化平台为电子商务领域的人才培养提供有力支持，通过校企合作、实习实训等方式，培养一批具有创新精神和实践能力的高素质人才。同时，平台还能促进学校、企业、研究机构等各方的人才交流，为电子商务技术创新提供源源不断的智力支持。平台上的各方可以共同开展科研项目和技术攻关，形成优势互补的研发团队。这种合作模式有助于提升研发效率，降低研发成本，并加速新技术的研发和应用。

2. 整合校内外资源

积极争取政府、企业、社会等多方面的支持，整合校内外资源，形成多元化的产学研用合作体系。这种合作模式有助于降低资源获取成本，提高资源利用效率，为电子商务产业的发展提供有力支持。企业可以与学校和研究机构开展技术研发合作，共同攻克技术难题，提高电子商务系统的稳定性和安全性。学校和企业应深化合作与交流，共同开展科研项目和人才培养工作。学校可以邀请企业参与课程设置和教学改革，提高教育的针对性和实用性；企业可以为学生提供实习实训机会和就业渠道，帮助学生更好地适应市场需求。鼓励创新创业活动，提供创业培训、孵化服务等支持，培育新兴产业和创新企业。

3. 建立合作机制

制定完善的合作机制，如项目管理、利益分配、知识产权保护等，确保各方权益得到保障。完善知识产权保护体系，保护合作各方的知识产权和科技成果。建立合理的利益分配机制，确保各方在合作中能够共享成果、分担风险。建立产学研用一体化信息平台，提供政策信息、市场需求、技术动态等信息服务。成立产学研用一体化合作协调机构或联盟，加强各方之间的沟通协调和合作。建立产学研用一体化合作的监测评估机制，定期评估合作成效和问题，及时进行调整和优化。

4. 搭建平台

建立线上线下的产学研用一体化平台，为合作各方提供信息交流、资源共享、项目对接等服务。学校和研究机构在电子商务领域积累了大量的科研成果，通过产学研用一体化平台，这些成果可以迅速转化为实际生产力，推动电子商务技术创新。

学校建立产学研用一体化平台是推动电子商务技术创新和产业发展的有效途径。通过构建完善的合作机制、整合多方资源、加强技术创新和产业发展策略的制定与实施，可以有效促进电子商务产业的健康、快速发展。同时，也需要政府、企业、学校等的共同努力和支持。

5. 建立竞赛平台

高职学校作为技能人才培养的重要基地，必须紧跟行业趋势，构建与之相匹配的教学体系。通过建立竞赛平台，不仅能够激发学生的学习热情，还能促进理论知识与实践的有效结合，成为提升学生综合素质、增强就业竞争力的关键策略之一。建立一个集信息共享、资源对接、培训指导于一体的综合竞赛平台至关重要，该平台应包含赛事日历、报名通道、培训资料库、在线交流社区等功能模块，便于学生获取竞赛信息、参与线上培训、组队交流。同时，积极寻求与企业、行业协会的合作，引入真实项目案例、技术工具和专家指导资源，实现校企深度融合。

（1）竞赛平台的组织和构建。①资源整合。联合校内外资源，包括企业、行业协会等，共同搭建竞赛信息共享平台，确保信息的及时性和全面性。②技术支持。建立专业的技术支持团队，为学生提供必要的软件、硬件设施及技术培训，确保参赛作品的专业性和创新性。③指导体系。组建导师团队，邀请行业专家、企业导师与校内教师共同指导，培训内容应包括竞赛技巧、团队协作、商业案例分析等方面，帮助学生提高竞赛能力和解决实际问题的能力。④宣传动员。学校应通过官方网站、抖音官方账号、微信公众号、海报等渠道，广泛宣传竞赛信息，吸引更多学生关注和参与。同时，各教学单位应积极开展动员工作，鼓励学生积极参与竞赛活动。⑤过程管理。在竞赛过程中，学校应加强对参赛学生的管理，确保学生按照竞赛规则和要求进行比赛。同时，学校应建立竞赛进度跟踪机制，及时了解各团队的进展情况，并提供必要的支持和帮助。

（2）竞赛项目多样化设计。①电商运营挑战赛。模拟真实的电商环境，从市场调研、产品选择、营销策划到售后服务全链条操作，考验学生的市场敏锐度和运营策略。②直播带货大赛。利用直播平台，让学生亲自体验主播角色，从选品、脚本编写、互动技巧到成交转化，全方位提升学生的表达能力与销售技巧。③短视频创作竞赛。鼓励学生创作具有创意的电商推广短视频，强化视觉传达、故事叙述和视频编辑能力，紧跟短视频营销趋势。④创新创业大赛。围绕电商领域的创业计划书撰写、商业模式设计等内容，培养学生的创新思维和创业精神。

（3）奖励机制与成果转化。①物质与荣誉奖励。设置丰富的奖项，以及奖金、实习机会、创业孵化支持等，激励学生积极参与。②成果展示与转化。建立竞赛成果展示平台，促进优秀作品的市场转化，同时作为教学案例，反哺课堂教学。

（4）能力提升与成效评估。①竞赛能力的提升。参与高水平的竞赛，不仅要求学生具有扎实的专业知识，还需快速学习新技能、应对突发情况，这直接促进了学生竞赛能力的提升。通过复盘比赛过程，学生能更清晰地认识到自身优势与不足，为下一次竞赛或职业生涯积累宝贵经验。②团队协作能力的增强。在竞赛准备和执行过程中，团队成员需要共同面对挑战，这一过程促进了相互之间的理解、信任和支持，有效提升了团队协作效率和凝聚力。③解决实际问题能力的锻炼。竞赛项目通常基于真实商业场景设计，要求学生运用所学知识解决具体问题，这一过程极大地增强了学生的实践应用能力和创新思维，为将来步入职场打下坚实基础。

（5）挑战与对策。尽管建立竞赛平台带来显著效果，但仍面临资源分配不均、理论与实践脱节、心理压力管理等挑战。对此，需采取如下对策：①加大投入力度，优化资源配置，确保竞赛活动的普及性和质量。②深化校企合作，提供更多实习实训机会，缩小理论与实践距离。③建立健全心理辅导机制，为参赛学生提供心理支持，减轻比赛压力。

（四）建立人才评价体系

随着全球数字化进程的加速推进，电子商务行业呈现井喷式发展态势，对专业人才的需求也随之剧增。我国政府高度重视电子商务行业的发展，将其作为国家战略性新兴产业进行重点培育。在此背景下，为了更好地培养适应电子商务行业需求的高素质人才，构建一套科学、合理、具有可操作性的人才评价体系显得尤为重要。这不仅能全面评估学生的综合素质和职业能力，还能确保评价结果真实反映学生的知识、技能和职业素养，为电子商务行业输送具有实战能力的优秀人才。

1. 人才评价体系的目标

综合能力评估与实战能力提升。全面评估学生的综合素质和职业能力，确保评价结果真实反映学生的知识、技能和职业素养。通过模拟电子商务环境和实际案例分析，培养学生的实战操作能力，增强其解决真实商业问题的能力。

紧密的人才培养与市场需求对接。建立政府、学校和企业共同参与的协同评价机制，确保人才培养与行业需求的无缝对接。通过行业反馈和就业数据，调整教学内容和课程设计，以提高学生的就业竞争力和职业发展潜力。

公正高效的评价标准和方法。制定科学、合理且可操作的评价标准和方法，确保评价过程的公正性和效率。定期对评价体系进行审查和优化，提升教师评价能力，确保评价结果的准确性和权威性。

创新精神与全球视野的培育。培养具备创新精神、团队协作能力和国际视野的电子商务专业人才。通过跨学科研究和国际交流项目，提升学生的创新思维和全球竞争力，为电子商务行业的未来发展做出贡献。

2. 参与方的角色和责任

政府：负责提供政策支持和指导，确保评价体系的科学性和权威性。政府还需对评价过程进行监督，确保评价结果的公正性。

学校：承担评价体系的实施工作，为学生提供必要的教学资源和环境。根据评价结果，优化人才培养方案，提高教学质量。

企业：参与制定评价标准，提供实际工作场景和案例，确保评价结果与市场需求相符。为实习生提供实践机会，培养学生的实际操作能力。

3. 评价标准的制定

政府部门：负责牵头制定评价标准，结合行业需求和人才培养目标，明确评价体系的框架和内容。

学校：根据政府部门的指导意见，结合自身教学特色，细化评价标准，确保评价标准具有可操作性和量化指标。

企业：参与评价标准的制定，提供实际工作场景和案例，确保评价标准与市场需求相符。

4. 评价方法的实施

采用多元化的评价方法，如笔试、实操、项目报告、实习表现等，全面评估学生的综合素质和职业能力。

结合线上线下评价手段，提高评价过程的公正性和效率。例如，利用在线考试系统进行理论知识测试、利用实际项目进行实操能力评估。

建立评价专家库，邀请政府、学校和企业相关人员担任评委，确保评价结果的权威性和公正性。

5. 持续改进和反馈机制

定期评估评价体系的有效性，根据反馈进行调整和优化。例如，收集毕业生就业情况和用人单位满意度，分析评价体系与实际需求的差距，提出改进措施。

建立健全信息反馈渠道，确保评价结果的透明性和公正性。例如，设立投诉举报邮箱，对评价过程中的不公平现象进行监督和查处。

此外，为了确保评价体系的实际操作性，还需制定一系列具体的指标，例如，知识掌握程度，用于评价学生对电子商务基本理论、相关法律法规、网络安全等方面的掌握程度；技能熟练度，用于评价学生对电子商务技术、网络营销、数据分析等实际操作技能的熟练度；职业素养，用于评价学生的职业道德、团队协作精神、沟通协调能力、创新能力等；实战经验，用于评价学生在校内外实习、实践过程中所积累的经验和能力；综合素质，用于评价学生的思想政治素质、身心健康状况、人文素养等。通过以上具体指标的制定和实施，将更加全面、准确地评估电子商务专业人才的综合素质和职业能力，为行业输送更多的优秀人才。

三、微观层面：优化知识结构，强化技能培养，打造高素质电商人才培养体系

（一）加强师资队伍建设

在当今数字化时代，电子商务以迅猛的发展势头，成为推动社会经济发展的

重要力量。面对电子商务行业的迅速崛起，如何培养出一批既具备专业理论知识又具备实际操作能力的电子商务人才，成为教育领域面临的重要课题。加强师资队伍建设，引进和培养高水平的电子商务专业教师，提升教师的专业素养，建立健全激励机制，营造良好学术氛围，对于提升教学质量和水平，培养适应市场需求的高素质人才具有至关重要的意义。

1. 引进高水平电子商务专业教师

为了跟上电子商务行业快速发展的步伐，高职学校应积极引进具有丰富实践经验和深厚理论功底的电子商务专业教师。这些教师不仅能够在课堂上传授前沿的电子商务理论知识，还能够结合自身的实践经历，为学生提供宝贵的行业见解和职业发展建议。在引进教师的过程中，高校应注重考察教师的教育背景、工作经历和科研成果，确保引进的教师能够真正满足电子商务专业的教学需求。

2. 提升教师专业素养

除了引进高水平教师，高校还应重视对现有教师的培养。通过定期组织教师参加行业培训、学术交流等活动，使教师能够及时了解电子商务行业的最新动态和前沿技术，不断提升自身的专业素养和教学能力。同时，高校还应鼓励教师积极参与教学改革和科研活动，探索适合电子商务专业的教学模式和教学方法，提高教学效果和学生的学习体验。

3. 建立健全激励机制

为了激发教师的积极性和创造性，学校应建立健全激励机制。首先，高校可以通过设立教学成果奖、科研成果奖等奖项，对在电子商务专业教学中表现突出的教师进行表彰和奖励。其次，高校可以为教师提供良好的职业发展平台，如提供进修和学历提升机会等，帮助教师不断提升自身能力和水平。此外，高校还可以建立教师评价体系，将教师的教学质量、科研成果、学生评价等指标纳入评价体系，确保教师的努力和付出得到公正的评价和认可。

4. 营造良好学术氛围

学术氛围对教师的成长和发展具有重要影响。学校应努力营造良好的学术氛围，为教师提供宽松的学术环境和良好的研究条件。同时，高校还应鼓励教师之间开展学术交流和合作研究，促进学术成果的产出和共享。此外，学校还可以举办学术研讨会、邀请专家学者来校讲学等活动，为教师提供更多的学术交流和合作机会。

（二）完善课程体系，建立动态调整机制

根据电子商务行业发展人才需求变化快的特点，密切关注电子商务行业的最新动态和前沿技术，注重理论与实践结合，完善课程体系，建立动态调整机制，以适应电子商务行业人才需求的变化。

1. 电子商务行业发展与人才需求变化

电子商务行业是一个典型的创新密集型行业，新技术、新模式、新业态层出不穷。随着大数据、人工智能、云计算、物联网等技术的不断发展，电子商务行业正在经历着深刻的变革。这些变革不仅改变了电子商务的运营模式，也对电子商务人才的能力和素质提出了新的要求。

在电子商务行业，人才的需求呈现多样化、专业化的特点。从基础的电子商务知识到高端的技术应用、运营管理，每个环节都需要有相应的人才支撑。同时，由于电子商务行业的快速发展，人才的需求也在不断变化，要求学生具有更强的学习能力、创新能力和实践能力。

2. 课程体系完善与动态调整机制

密切关注行业最新动态和前沿技术。电子商务行业是一个快速发展的行业，新的技术、新的模式不断涌现。因此，必须密切关注行业的最新动态和前沿技术，将这些新技术、新模式纳入课程体系，确保学生掌握最新的知识和技能。

多种渠道获取行业最新动态和前沿技术，如参加行业会议、关注行业媒体、与企业合作等。同时，还可以邀请行业专家、企业高管等为学生举办讲座、授课，让学生了解行业的最新发展趋势和前沿技术。

构建涵盖多方面的课程体系。电子商务是一个综合性的专业，需要学生掌握多方面的知识和技能。因此，必须构建涵盖电子商务基础知识、技术应用、运营管理等多方面的课程体系。在电子商务基础课程中，可以设置电子商务基础实践、市场营销实务等课程，让学生了解电子商务和市场营销的基本概念、发展历程。专业核心课程方面，可以设置商务网页设计与制作、商品信息采集与处理、电子商务数据分析、网络营销、视觉营销等课程，让学生掌握电子商务的核心技术。在运营管理方面，可以设置网店经营与管理、客户关系管理、新媒体营销等

课程，让学生了解电子商务的运营管理知识。此外，还可以根据行业的最新动态和前沿技术，不断调整和完善课程体系。例如，随着人工智能和大数据技术的发展，增加人工智能和大数据在电子商务中的应用课程；随着跨境电商的兴起，增加跨境电商运营与管理课程等。

理论与实践相结合。电子商务专业是一个实践性很强的专业，需要学生具备实际操作能力。因此，在课程体系中，必须注重理论与实践的结合。可以通过设置集中实训课、课程实践、岗位实习等方式，让学生亲自动手操作，掌握实际操作技能。同时，还可以与企业合作，建立校内外实训、实习基地，让学生在企业中进行实习实训，了解企业的实际运营情况，提高实践能力。此外，鼓励学生参加各种电子商务竞赛、创业活动等，让学生在实践中锻炼自己的能力。

建立动态调整机制。根据行业的最新动态和前沿技术，以及学生的反馈意见和就业情况，不断调整和完善课程体系。具体来说，可以定期邀请行业专家、企业管理人员等参与人才培养方案的制订与修改，了解行业对人才的需求和变化。同时，收集学生的反馈意见和就业情况，了解学生对课程体系的满意度和就业情况。根据这些信息，及时调整课程体系的内容和结构，以适应电子商务行业人才需求的变化。

3. 提升学生综合素质和职业能力

创新精神、团队合作精神、沟通能力等素质对于电子商务人才来说至关重要，可以通过各种实践活动、团队项目等方式来培养学生的综合素质。学生的实际操作能力、学习能力、创新能力等职业能力，对于电子商务人才来说同样非常重要。可以通过实验课、实践课、实训课等方式培养学生的实际操作能力，通过鼓励学生参加各种竞赛、创业活动等培养学生的学习能力和创新能力。

（三）加强技能培训

职业教育是为学生和企业双向服务，一方面要向学生传授知识，让他们有一技傍身；另一方面是向企业提供合格人才，为企业创造价值。据调查，很大一部分企业认为，当前电子商务专业的学生专业技术水平远低于岗位能力要求。主要表现为学生的实战能力不强，职业能力与企业要求有所偏差。电子商务是一门实操性强的学科，除了要求学生具有一定的理论知识，更多的是要求学生具有较强的实操能力。但基于高校人才培养模式及教学条件的局限性，高校专业课程体系设置大多侧重学生的理论知识，导致电子商务专业毕业生的职业能力与企业要求的实际操作能力存在严重偏差。另外，实战项目的缺乏也是造成该现象的原因之一。

因此，高职学校人才培养方式的改革势在必行，对于学生要针对电子商务行业的特点和需求，在明确教育目标，理顺知识与技能的关系的基础上，加强对学生的技能培训；对于企业要做到按需培养，以企业为导向，提升其专业技能和综合素质，培养复合型人才。

1. 明确教育目标，理顺知识与技能新关系

电子商务专业是一个计算机、经济学、营销学、管理学等多学科交叉的强技能型专业。除了全国重点高校以培养研究型高级专门人才为目标外，绝大多数院校应以培养应用型高级专门人才为教育目标。湖南省高职学校电子商务专业教育目标要合理定位，知识与技能教育并举，侧重技能培养；同时技能的培养要寓于知识教育环节中，避免知识与技能培养两层皮，更不能将知识与技能混同、替代。

电子商务职业的应用性技能可以为企业从市场带来现实或潜在的经济利益，这也是企业追求技能型人才、摒弃高分低能者的原因。对网站客服类、网上贸易类、网络营销类、网站建设类等十几个岗位进行分析，可以发现现代企业的电子商务人才需求中对实践技能的要求非常具体（见表 6.1）。

表 6.1　人才实践技能的要求

电子商务人才类型	知识点对应核心课程	技能点对应岗位需求
商务型的电子商务运营管理人才	“商品信息采集与处理” “网络营销实务” “网店运营与管理” “视觉营销”等	（1）具备运营自营商务网站或借助第三方商务平台电子市场开展网络营销与商务沟通的技能，即驾驭商务网站实现企业市场营销功能； （2）熟悉互联网商业环境，有市场分析、经营决策能力，以及对最新信息的感知能力，信息的收集、筛选、编辑等能力； （3）善于网络营销推广管理与策划，具有良好的文字功底及处理图片的能力

续表

电子商务人才类型	知识点对应核心课程	技能点对应岗位需求
技术型的电子商务网站建设与维护技术人才	"电子商务网页设计""电子商务数据分析"等	(1) 具备网络建设、电子商务系统开发、管理与维护技能； (2) 明确商务活动的功能、实体与虚拟组织构架、核心支撑技术，能够理解商务活动的各类需求，制订并完成技术解决方案

2. 紧贴市场需求，坚持专业与岗位相结合

电子商务专业是一门交叉性极强的专业，岗位群的多样性决定了人才培养的复合性。高职学校在专业设置的过程中，一是要充分考虑岗位群的多样性，帮助学生明确岗位目标，对每个岗位不同专业的学生在课程设置上要有所侧重。二是学校根据市场需求调整师资结构，建立有效的校企对话机制，了解企业的真正需求，对症下药，加强校企合作，共同培养实用性电子商务人才。坚持"引进来，走出去"的教学模式，把企业项目引进课堂，让学生有机会投身到真正的实战中去，学以致用，在实训过程中，不仅可以让学生加强理论知识的学习与巩固，还可以让学生不断提升自身的实际操作能力。另外，还可以建立"专家进校"模式，把行业专家请进校园，让企业专家参与人才培养方案的制订，参与到教学过程中，与学校共同培育符合社会要求的高素质技能型人才。

（四）开展创新创业教育

双创教育即创新创业教育，在培养我国创新人才、创新精神上起着重要作用，是我国高校教育改革中作为培养应用型、创新型人才的必然要求。高职学校作为应用型高校，双创教育改革势在必行。当前创新创业教育仍面临诸多挑战，从学校层面来讲，存在教育群体过于笼统、双创内容过于片面等情况；从学生角度来讲，存在缺乏实践经验、对行业发展认知不足、创业资源有限等问题，在很大程度上制约了他们在创新创业领域中作用的发挥。

因此，各院校必须重视构建完善的创新创业教育体系、提升学生的创新创业能力等。对于校方，需要构建完善的创新创业教育体系，提供丰富的创新创业实践机会；对于教师，需加强创新创业师资队伍建设，营造浓厚的创新创业氛围；对于学生，需引导他们参与电子商务领域的创新创业活动，实现个人价值与社会

价值的统一。

1. 创新分层教育，按需构建“双创”规划

双创教育在专业教学中的融合还处于摸索阶段，教师在教学过程中加入双创教育往往会比较机械、笼统，可以考虑通过分层、分人的教育方式完成教学计划。对于不适合“双创”的学生，教师可以帮助其对自己进行清晰定位，并尽早制定自己的职业规划，选择正确的职业道路；对于适合“双创”的学生，教师可以在双创教育上给予更多的专业帮助，帮助他们确立正确的创业意识，协助制定长期的职业规划，同时预估可能遇到的职业风险，为学生创新创业的第一步保驾护航。

2. 加强典型宣传，重点培育“双创”项目

商务部、中央网信办、国家发展和改革委发布的《“十四五”电子商务发展规划》提出，“支持农村居民立足农副产品、手工制品、生态休闲旅游等农村特色产业，开展多种形式的电子商务创业就业，促进特色农产品电子商务发展”，是“十四五”时期电子商务行业发展的主要任务之一。

目前，湖南省诸多高职学校电子商务专业已经着力研究如何提升基于乡村振兴背景下的电子商务学生创新创业能力，并鼓励学生选择毕业后回乡创业。在此基础上，学校通过精准培育、广泛宣传、多方支持等途径，激发更多学生的创业热情和创新活力，为乡村振兴注入新的活力。首先，针对乡村发展的实际需求，学校需要精准地筛选和培育一批具有示范带动作用的农村“双创”项目。其次，加大对“双创”典型的宣传力度，利用媒体宣传、案例分享等多种方式，广泛传播农村“双创”项目的成功经验和典型事迹。再次，举办“双创”典型经验交流会，分享他们的创业历程和心得体会，激励更多的学生投身乡村创新创业。最后，通过举办创新创业大赛、设立创新创业奖学金等方式，进一步激发学生的创新创业潜能。

3. 组织实践活动，联合打造“双创”基地

首先，学校与企业应充分利用各自的资源和优势，共同规划和实践创新创业实践基地的建设。学校可以提供场地、师资等支持，企业则可以提供资金、技术、市场等资源，双方共同打造出集教学、实践、创新于一体的综合性平台。其次，实践基地应紧密结合市场需求和产业发展趋势，设置多样化的实践项目和课

程。这些项目和课程可以涵盖从创业计划书的撰写、市场调研、产品设计到市场推广等环节，让学生全面了解创业的全流程。最后，实践基地的建设需要注重成果的转化和应用，为学生的创业项目提供资金支持和后续服务，帮助他们实现创业梦想。

（五）加强就业指导

1. 建立健全就业指导体系，筑牢就业工作基础

完善组织架构，明确职责分工，确保工作有序高效。学校应高度重视就业指导工作，成立以院长为组长、以副院长为副组长、教学学工、多教研室协同参与的就业指导工作小组，确保各项工作的顺利开展。工作小组下设专职就业干事，负责具体执行，确保资源的优化配置和高效利用。同时，定期召开就业指导工作会议，对各项工作进行总结和反思，不断完善和优化就业指导体系。

加强制度建设，规范工作流程，提升就业服务水平。学校应制定一系列切实可行的规章制度，规范就业指导工作。这些制度不仅能明确工作的目标和任务，还能详细规定工作的流程和要求，为就业指导工作的顺利开展提供有力的制度保障。同时，注重制度的更新和完善，根据就业市场的变化和学院的发展需求，及时调整和优化相关制度，确保就业指导工作与时俱进。

丰富课程体系，强化实践教学，提升学生就业能力。学校针对电子商务专业的特点和就业市场的需求，精心设计多样化的就业指导课程。这些课程不仅涵盖职业规划、求职技巧、面试准备等基础理论知识，还结合大量实际案例和实践经验，帮助学生更好地理解和掌握就业技能。此外，积极与企业合作，开展形式多样的实践教学活动，如企业实习、各级各类创新创业大赛等，提升学生就业能力。

深化校企合作，拓宽就业渠道，促进学生顺利就业。学校积极与企业建立紧密的联系，通过校企合作、产学研一体化等方式，共同推进人才培养和就业工作。学校与企业合作开展实习实训、订单培养等项目，学生能够在实践中掌握职业技能、了解行业动态。同时，邀请企业人士担任兼职教师或举办讲座，为学生提供更多了解职业发展的机会。此外，定期组织校园招聘会、企业宣讲会等活动，为学生提供与企业面对面交流的平台，拓宽就业渠道。

2. 提供个性化的就业指导和咨询服务，助力学生精准就业

建立学生个人档案，精准把握学生就业需求。学校应为每位学生建立详细的个人档案，包括个人基本信息、学习情况、兴趣爱好、职业规划等。通过定期更新档案内容，精准把握每位学生的就业需求和特点。同时，借助信息化手段，建立学生就业信息管理系统，实现对学生就业信息的实时追踪和统计分析，为个性化就业指导提供数据支持。

开展一对一辅导，量身定制就业方案。辅导老师应根据学生的个人档案和就业需求，与学生进行面对面的沟通和交流，了解他们的职业倾向、技能特长和求职意愿等。在此基础上，辅导员、专业课老师为学生提供就业指导，包括职业规划建议、求职技巧指导、面试准备等方面。这种个性化的辅导服务，能够帮助学生更加清晰地认识自己，找到适合自己的职业方向和发展路径。

建立就业咨询平台，提供及时咨询服务。学校建立就业咨询平台，更方便、更快捷地为学生提供就业咨询服务。平台涵盖政策解读、就业指导、就业信息等方面，学生可以随时查看相关信息或咨询老师。同时，平台定期发布就业动态和招聘信息，学生能够及时获取就业市场的最新动态。

关注特殊群体，提供定制化服务。学校应特别关注就业困难群体和特殊群体的学生，如家庭经济困难学生、残疾学生，并提供定制化就业服务。一方面，可以设立就业援助基金，为家庭经济困难学生提供经济支持和就业指导；另一方面，开设针对特殊群体的就业指导课程，帮助他们提高就业能力和自信心。此外，积极与相关部门合作，为特殊群体学生提供更多的就业机会和资源。

第七章　湖南省高职专业认证的启示与展望

专业认证是国际通行的教育质量保障手段，也是我国推进高等教育内涵式发展、提高人才培养质量的重要举措。本章将围绕湖南省高职专业认证过程中积累的经验和启示以及未来推进专业认证工作的思路和举措等方面展开论述，以期为进一步完善湖南省高职专业认证体系、提升人才培养质量提供参考和借鉴。

一、启示

（一）专业认证目标：关注高质量发展，体现以人为本

《中华人民共和国职业教育法》明确提出，职业教育的最终目的是培养高素质技术技能人才。高职专业认证作为一种服务性活动，理应为高职教育目标服务。因此，引入大数据技术赋能高职专业认证，就是要实现价值评价和工具评价的统一；同时，也将育人为先的专业认证目标嵌入高职专业认证的数据获取、转化、分析、运算和决策的全过程。

专业认证的最终目的是助力社会主义新时代新征程高职专业高质量发展。高质量发展通常意味着参与的利益相关者共同认可的政府新政策、业界改进意见和家长的新期望等得以综合实现。为此高职专业认证过程应当为参与者充分、平等地交流提供尽可能多的机会。因此，高职专业认证需要设置更多的环节，如前文所提及的“认证前调研与认证后跟踪改进”，不断推动参与者之间的交流、碰撞，最终达成各利益相关者都认可的共识，实现交流共识的落地。国家和省级教

育行政部门依共识适时调整、演进专业认证标准，毕业生“成人、成才、成功”的整体性基本要求动态地高度契合产业发展、社会发展需要。高职学校人才培养过程也应依此实时调整其培养目标、课程体系、课程教学与评价以及实践教学实施与评价等环节。通过参与认证，业界成为职业教育的“明白人”，理解职业教育规律，提高参与人才培养全过程的能力，与学校一起培育学生和家长对高职专业及对应岗位的高度认同感，强化其职业教育人才培养的主体地位，主动参与高职人才供给侧结构性改革相关工作。认证机构可以依此持续改进认证环节和认证技术的设计，指导学校更加精准地描绘人才培养工作的现实情况和质量现状，提供一个有利于政府和业界参与认证工作的客观起点，即科学的高职专业“画像”。各利益相关者参与认证的获得感得到了保障，高职专业高质量发展也就有了得到各方正确支持的可能性，高职专业认证才可能是有效益的、有中国特色的。

（二）专业认证主体：多主体联动，彰显科学高效

专业认证主体是专业认证实施和运行的基础要素，负责专业认证的顶层设计、体系构建和标准建设。为了确保专业认证具有统一的价值观和衡量标准，减少专业认证的差异性，必须整合所有参与专业认证的主体，建立常态化的联动机制和无缝衔接的能力，确保专业认证的顺利进行。首先，政府在专业认证中的角色需转变，推进职业教育办学的“管办评”分离，政府及职业教育主管行政部门应更多地扮演发起者、组织者和服务者的角色，专注于专业认证的法律法规、规章制度和顶层设计，强化对职业教育专业认证的科学性、规范性、权威性和约束性的运用。其次，职业院校和企业应增强专业认证能力。职业院校作为专业认证的首要主体，应积极上报专业建设相关状态、数据和能级，为国家或相关机构制定专业认证标准提供依据，并严格遵守认证要求，发挥好组织、管理和实施主体作用，以培养更优质的技术技能人才。企业作为用人方，也应参与专业认证过程，及时传递人才需求规格和岗位标准的变化信息，促使国家对专业认证进行及时调整，并引导职业院校对人才培养进行修正。最后，积极引入第三方专业认证机构，政府应进一步放权，推动独立、专业的第三方认证组织的发展，赋予第三方机构更多的自主权和评估权，通过监督问责机制确保第三方专业认证机构秉持

科学高效的原则开展工作，优化认证能力，促进专业认证的市场化程度，实现各相关主体之间的紧密合作。

（三）专业认证标准：借鉴国际经验，凸显区域特色

专业认证标准是职业教育专业发展的基石，是技术技能人才产业的核心要素。各职业院校的专业建设应依据专业认证标准展开，标准的科学性和合理性直接影响人才培养的质量。在制定标准时，需要结合国际专业认证体系，学习全球最佳实践，并结合国内职业教育的实际情况，突出中国特色和地区特色，以提升国内高职专业教育的质量。例如，美国的 ABET 认证体系为 40 多个专业制定了认证标准，许多国家都参考了这些标准。在制定我国的专业认证标准时，既要参考国际标准，又要结合国情和行业产业发展，确保中国的高等职业教育能够服务于地方经济发展，培养出能够满足特定岗位需求的人才。

首先，制定符合国情的通用标准。2018 年，我国发布了《普通高等学校本科专业类教学质量国家标准》，这是首个面向全国乃至全球发布的高等教育教学质量国家标准，该标准强调学生中心、产业导向和持续改进，实施“兜住底线、保障合格、追求卓越”的三级专业认证，为本科层次的专业认证提供了通用标准。对于我国职业教育而言，虽然目前尚未出台国家标准，但可以根据各专业类别和职业教育层级的不同，制定分级别的专业通用认证标准。在实践性强、标准成熟、程序规范的领域，如工程教育、商科教育、医学教育等，可以通过试点推广的方式进行。

其次，制定适合专业的特色标准。我国在本科层次制定的专业认证标准对职业教育特色化专业认证标准的建立具有启示作用。通用标准体现了专业认证的一般性和普适性，而特色标准则反映了专业发展的特殊性和个体性，它是在充分论证和分析特定专业需求的基础上，对人才培养进行个性化评价，并提出区别于一般专业的要求。通过标准来限定职业院校的人才产出和资源投入。

最后，对标国际通用的有效标准。《国家职业教育改革实施方案》（以下简称“职教 20 条”）明确了建设具有国际先进水平的中国职业教育标准体系的目标，包括专业标准、教学标准、课程标准、职业资格标准、专业认证标准等。我国应充分借鉴和吸收国际先进经验，使标准制定具有国际视野，与国际通用技术

技能人才培养标准保持一致。尽管我国尚未加入《悉尼协议》，但协议中的专业认证标准是我国高职专业认证的重要参考依据。目前，我国已有部分高职学校的部分专业通过了《悉尼协议》的认证标准，我国加入《悉尼协议》的步伐正在加快，各职业院校应加强对协议规定的专业认证标准的研究，推动更多专业进行认证。

（四）专业认证指标：反复调研，确保精确性与适应性

职业教育的专业认证指标体系是提升专业发展质量和确保专业认证质量的关键要素。这一指标体系的适应性和科学性直接影响认证结果的权威性和有效性，进而影响参与主体的积极性。我国职业教育专业认证指标的构建需要充分总结国内已有的专业评估和人才培养质量评价指标体系，同时借鉴本科专业认证指标和《悉尼协议》的专业认证指标，依据“职教 20 条”的指导性原则，依据技能型社会建设对于人才的需求，构建科学合理、有效适用的指标体系。然后，通过专家咨询、多轮调查与数据分析，确定各指标权重，论证该指标体系的精确性与科学性，再确定试点专业，实施认证，完善指标体系，提高指标的适应性。以此推动职业院校围绕这些指标开展专业建设，培养适合未来社会发展需求的高技能高素质人才，推动职业院校的专业建设向着更高的水平迈进。

首先，基础条件的评判是专业认证的起点。在这一阶段，我们需要对职业教育的专业建设进行全面的评估，包括但不限于必须掌握的知识、毕业生能力要求、专业能力要求、课程体系、师资队伍、支撑条件等。这些条件的描述应准确反映产业对人才培养的基本要求，使专业在发展过程中能够与人才培养指标相匹配。同时，评判过程应注重刚性与弹性的结合，更多地强调学生发展和职业性，以确保职业院校的专业建设具备人才培养能力。

其次，开发结果的评判关注的是专业基础条件之上，职业院校、教师围绕人才培养要求进行的各种专业课程标准、教材、教学资源、校企合作项目、教学管理制度、人才培养方案、实训项目等形成的教育成果。这些成果反映了专业建设在人才培养过程中的投入产出比，以及过程性成果。专业认证指标同样需要对这些开发结果进行评判，重点关注其科学性、合理性和有效性，确保其符合职业教育国家教学标准等要求。

最后，培养结果的评判聚焦于人才培养质量，这是专业建设的最终目标。专业认证指标体系应将人才培养的结果作为最重要的评判标准，依据预先设定的人才培养各层级程度，通过等级或分值来确定专业建设的成果。这样既能体现等级性，也能激发各职业院校为实现人才培养的等级而不断强化资源投入和质量意识。

（五）专业认证程序：规范流程，确立认证公信力

在职业教育的专业认证中，规范化的程序和流程对于确立认证的公信力至关重要。除了建立完善的指标体系，还需要关注“由谁来认证”“怎么认证”及“认证结果的公平与合理性”等问题，以确保认证结果具有权威性和公信力，能够经受住市场和产业的考验。

首先，专业认证主体的权威性是关键因素。职业教育专业认证的实施主体应由国家及相关职能管理部门担任，作为最终裁决的组织者、监督者和评判者。国家应设立专门的机构负责职业教育专业认证工作，如将该职能赋予教育主管部门，发挥顶层设计、重大方案及标准制定的组织者等功能。同时，日常的专业认证权力应下放给由职业教育专家、行业专家、大国工匠、技术能手、行业协会、行业组织及第三方专门组织等组成的多元化专业认证委员会。这种跨界合作的方式有利于增强专业认证主体的权威性与业务能力，同时也便于专业认证与资格认证的协同运作。

其次，专业认证过程的规范性是确保认证质量的关键。在实施过程中，第一，制定详细且明确的认证标准和程序，并向公众公开，以便各方了解认证的要求和流程。这有助于减少误解和不必要的猜测，提高认证的透明度。第二，在认证过程中，引入多方参与。可邀请不同领域的专家、学者、行业代表等参与认证过程，并对其进行相应的认证培训，使其对所有认证要素具有辨别真伪的能力和核查发展能级的水平，以确保认证的全面性、公正性、科学性。同时，还可以考虑引入第三方机构进行独立评估，以增强认证的客观性。第三，认证主体应秉持公正、客观的态度，严格遵守相关的法律法规、规章制度和标准体系，根据既定的标准化程序、要件和元素进行认证，并应尽可能公开决策的依据和理由，包括评估标准、评审意见等。这样可以增加认证过程的透明度，让利益相关方更加信

任认证结果。此外，认证主体还应有能力及时发现职业院校在专业建设中存在的问题，并对未通过专业认证的院校专业提供建设性的意见和建议，以促进专业建设的发展。第四，加强监督和问责机制。建立有效的监督机制，对认证过程进行全程监控，确保各项规定得到严格执行。同时，建立问责机制，对违反规定的行为进行严肃处理，以维护认证的公正性和权威性。第五，提供申诉和复议渠道。为被认证方提供申诉和复议的渠道，以便于他们就认证结果提出异议或寻求解释。这有助于保障被认证方的合法权益，同时也能促进认证过程的公正性和透明度。第六，定期公布认证结果。将认证结果定期公布，让公众了解哪些机构或个人通过了认证，以及认证的具体情况。这有助于增强公众对认证的信任和支持。第七，加强沟通和宣传。加强对专业认证的宣传和解释工作，让更多的人了解认证的意义和价值。同时，与各方保持密切沟通，及时回应他们的关切和疑问，以增强认证的透明度和公正性。

二、展望

湖南省“三高四新”战略是指高质量发展、高水平开放、高效能治理及新型工业化、新型城镇化、新型农业现代化、新型城镇化。在这样的战略背景下，通过专业认证体系的构建与实施，湖南省高职教育发展能达成以下几个目标：第一，与产业需求紧密对接。高职专业认证体系应紧密结合湖南省的产业发展需求，特别是在新基建、智能制造、数字经济、生命健康、现代农业等重点领域，开展本科层次职业教育试点，确保人才培养与产业需求的高度匹配。第二，推动产教融合。支持校企共建特色专业群，建设一批省级高水平专业群，鼓励有条件的市州、县市区和学校举办者探索推进职业院校股份制、混合所有制改革，建设示范性职业教育集团（联盟）和一批产业学院。第三，实施职业教育“楚怡”行动计划。传承楚怡职教传统，创建楚怡智库，研究新时代职业教育发展理念、体制机制和模式，为湖南职业教育高质量发展提供决策参考。第四，培养新时代“湖湘工匠”。支持职业院校深化与行业企业、村镇、社区合作，建设一批联合培养基地，培养一大批“湖湘工匠”，根据湖湘工匠能力结构，推动职业院校分级分类制定教学、管理、实习实训、教师发展、质量评价等标准。第五，增强服务实施“三高四新”战略能力。根据湖南省“一核三极四带多点”产业布局，绘制职业教育功能布局地图，推动职业院校办学定位与主体功能区战略、产业发展战略深度对接，建设“院校集群功能板块”“专业集群产业链”的产教融合生态系统。第六，加强职业教育国际交流合作。组建职业教育协同湘企湘品“走出去”合作联盟，在国（境）外重点建设一批技术技能人才培养基地和海外员工培训中心，助推企业“抱团出海”。

为达成以上目标，湖南省高职专业认证体系的未来展望应包含如下几个方面：

（一）技术革新对认证的影响

在数字化转型的大潮中，区块链技术的应用为高职专业认证提供了新的可能性。区块链的去中心化特性保证了认证数据的不可篡改性和透明性，有助于建立一个更加公正、透明的认证体系。此外，虚拟现实（VR）和增强现实（AR）技术的融入，可以为学生提供沉浸式的学习体验，除电子商务专业以外，在其他需要高度实践操作的专业领域，如能够模拟真实工作环境，有效评估学生的实操能力。

（二）国际化趋势下的认证策略

随着全球教育资源的互联互通，高职专业认证需要进一步拓展国际合作。例如，可以通过参与国际认证联盟，与其他国家的认证机构共同制定和实施认证标准，实现跨国界的学分互认。同时，随着跨境在线教育的兴起，认证机构需要考虑如何评估和认证在线学习成果，确保在线教育的质量与线下教育同等对待。

（三）持续改进与质量提升的路径

未来认证指标还应包含持续改进。持续改进是一种周期性活动，也应纳入专业认证指标体系。包括专业要求有完善学生学习成果达成情况的评价机制，持续对学习成果进行评估、记录，专业建设存在的问题及整改结果等，并明确专业必须持续符合产业需求，以保障专业的可持续发展。在高职教育质量提升方面，除了技术和国际化手段外，还应重视教育内容和方法的创新。例如，结合工业 4.0 的发展趋势，高职教育应加强对智能制造、物联网、大数据分析等前沿技术的教学。同时，推行以学生为中心的教学模式，如基于项目的学习（PBL），让学生在解决实际问题的过程中学习知识和技能，这种模式有助于培养学生的创新能力和团队协作能力。

（四）面对新兴职业领域的认证挑战

新兴职业领域的快速变化要求高职专业认证具有更高的灵活性和前瞻性。随着人工智能技术的发展，社会变化速度加快，职业的更替速度也更为频繁。因而，认证机构应与行业协会、企业紧密合作，建立动态的认证标准和课程体系。此外，随着绿色经济和可持续发展理念的推广，高职教育应增加环境科学、可持续能源管理等相关课程的认证，以适应未来社会的需求。

（五）认证结果的有效应用与推广

为了进一步提升认证结果的影响力，认证机构应积极探索认证结果的多维度应用。例如，可以将认证结果作为政府资助决策的依据，激励高职学校提升教育质量。同时，通过建立认证结果数据库，为学生、雇主和教育机构提供便捷的信息查询服务，增加认证的社会价值。此外，认证机构还应加强对认证结果的宣传，利用社交媒体、网络论坛等渠道扩大认证的社会影响力。

湖南省的高职专业认证体系将更加完善，能够更好地服务于地方经济社会发展，培养更多高质量的技术技能人才，为湖南省乃至全国的职业教育发展作出更大的贡献。

参考文献

［1］陈群．中国特色高水平高职院校建设的缘起、内涵与路向选择［J］．教育与职业，2018（24）：5-11.

［2］陈诗慧，张连绪．“中国制造 2025”视域下职业教育转型与升级［J］．现代教育管理，2017（7）：107-113.

［3］陈晓萌．高等职业教育专业认证制度建构研究［D］．天津：天津大学，2017.

［4］陈友力．改革开放四十年中国高等职业教育政策的变迁［J］．教育学术月刊，2018（12）：12-21.

［5］崔淑淇，姚聪莉．本科层次职业教育人才培养的内在逻辑、目标定位与实现路径［J］．现代教育管理，2023（4）：97-108.

［6］冯亚丽，卢立萍．基于现代学徒制的职业教育人才培养模式［J］．职业技术教育研究与实践，2019（14）：34-38.

［7］高蓓蕾．以学生为中心：工程教育专业认证的核心理念［N］．中国科学报，2015-01-08（007）.

［8］郭广军，金建雄．高职教育外部质量监管评估体系研究［J］．中国职业技术教育，2019（25）：8.

［9］郭丽君，胡楠．我国高职专业认证的价值意蕴、现实挑战与突破路径［J］．教育与职业，2024（11）：55-62.

［10］郭丽君，石汉卿．我国高职专业认证的应然逻辑与创新发展［J］．教育与职业，2024（4）：40-48.

［11］胡英芹．“双高计划”视域下高等职业教育内涵式发展的诉求、特征与路径［J］．职业技术教育，2020，41（14）：11-14.

［12］胡颖梅．我国职业教育高质量发展的时代特征、面临挑战与未来路向［J］．职教通讯，2023（7）：5-13.

［13］姜大源，陈洪涛，王晓红．职业教育课程改革：基于能力本位的理念与实践［J］．教育管理与研究，2017（13）：23-25.

［14］李新生．社会分工理论视域下产教融合高质量发展体系构建［J］．职教论坛，2023（3）：119-128.

［15］李永健，李梦玲，黄东显．“人民满意”的高职教育办学质量评价体系诠释与构建［J］．中国职业技术教育，2018（13）：77-83.

［16］李玉梅．产教融合视角下高职院校人才培养模式优化研究［J］．连云港职业技术学院学报，2022，35（3）：77-80.

［17］李志义．对我国工程教育专业认证十年的回顾与反思之一：我们应该坚持和强化什么［J］．中国大学教学，2016（11）：10-16.

［18］李志义．中国工程教育专业认证的“最后一公里”［J］．高教发展与评估，2020，36（3）：1-13+109.

［19］林艳．以类型教育定位职业教育的高职院校教育模式转型［J］．科教导刊，2024（15）：41-43.

［20］刘洪彬，刘文合，王楠，等．高等学校本科专业建设质量综合评价指标体系的构建与实践［J］．高等农业教育，2021（10）：28-33.

［21］刘伟，普正芳，段江．“学做证”三位一体师范专业认证体系的构建［J］．西部素质教育，2024（3）：27-31.

［22］刘义国，胡希冀．职业教育教学改革的现状、特点与建议：2022 年职业教育国家级教学成果奖“教学改革”主题获奖成果分析［J］．中国职业技术教育，2023（26）：46-53.

［23］陆璐．产教融合背景下高职院校人才培养路径探析［J］．佳木斯职业学院学报，2023，39（8）：166-168.

［24］罗应棉，柯政彦．中国特色职业教育专业认证体系的构建逻辑［J］．中国职业技术教育，2021（2）：10-13.

［25］马树超，郭文富．高职教育深化产教融合的经验、问题与对策［J］．中国高教研究，2018（4）：58-61.

［26］马燕．我国本科层次职业教育发展研究［D］．天津：天津大学，2015.

［27］牛彦飞，梁媛，赵燕．“双高”视域下高职教育内涵发展质量评价改革研究［J］．教育与职业，2021（20）：48-52.

［28］史宜巧，郭艾华，杨永．高职专业认证的实施及推进研究［J］．江苏科技信息，2023，40（33）：60-63.

［29］孙凤敏，孙红艳，邵建东．稳步发展职业本科教育的现实阻碍与破解进路［J］．大学教育科学，2022（3）：120-127.

［30］汤霓．高等职业教育专业认证：国际经验与发展逻辑［J］．中国职业技术教育，2018（21）：33-38.

［31］涂小丽．产教融合背景下高职院校人才培养路径探索［J］．科教文汇，2023（19）：159-161.

［32］万兵．产教融合背景下高职校企合作的问题与路径［J］．教育与职业，2019（15）：32-38.

［33］王福建，王阳．我国综合高中发展的价值向度、现实问题与路径突破［J］．教育理论与实践，2023（14）：14-19.

［34］王贤．高等职业教育人才培养质量保障体系的内涵及其理想模型构建［J］．职业技术教育，2012（19）：39-43.

［35］王学珍，闫立兵，张燕．基于职业能力标准的数字化课程开发与应用［J］．教育信息化研究，2019（18）：48-53.

［36］谢超，李佳凌，孙万香，等．高职院校校企产教融合模式下人才培养方向探究［J］．中外企业文化，2023（9）：205-207.

［37］徐国庆．构建中国特色的职业教育专业认证体系［J］．教育发展研究，2018（7）：21-27.

［38］许敏．职业教育领域供给侧结构性改革理论溯源与推进路径［J］．成人教育，2018，38（6）：72-75.

［39］杨若凡．技术本科院校评估指标体系研究［D］．上海：华东师范大学，2008.

［40］杨燕，徐宏伟．本科层次职业院校专业设置的意义、问题与优化路径［J］．职业教育研究，2021（12）：24-29.

［41］佚名．湖南省职业教育与成人教育 2023 年“成绩单”［J］．湖南教育（C 版），2024（3）：14-15.

［42］张斌．职业教育“双师型”教师队伍建设的探讨［J］．中国成人教育，2004（4）：86-87.

［43］张静．专业、课程与教学：目标内涵及内在关系［J］．吉林工程技术师范学院学报，2017，33（9）：24-26.

［44］张男星．以 OBE 理念推进高校专业教育质量提升［J］．大学教育科学，2019（2）：11-13.

［45］中华人民共和国教育部关于职业院校专业人才培养方案制订与实施工作的指导意见［EB/OL］．（2019-06-05）［2024-11-21］．https：//www.gov.cn/zhengce/zhengceku/2019-10/23/content_5444025.htm.

［46］周爱军．高校专业认证的发展历程与未来愿景［EB/OL］．（2023-02-24），https：//www.163.com/dy/article/HUCBSD610516A1SJ.html.

［47］周建龙．职业院校课程改革的问题分析和对策研究［J］．职业技术教育研究，2018（2）：43-47.

附录1　湖南省高职专业认证实施办法（试行）

为进一步加强全省高职学校专业建设，建立健全高等职业教育质量保障体系，推动学校对标争优，不断改善办学条件，加强内涵建设，切实提升人才培养质量，特制定本办法。

一、指导思想

以习近平新时代中国特色社会主义思想为指导，全面贯彻党的二十大和全国教育大会精神，全面贯彻党的教育方针，坚持社会主义办学方向，落实立德树人根本任务，坚持德技并修、工学结合，遵循职业教育规律，深化人才培养质量评价改革，构建湖湘特色高等职业教育人才培养质量评价体系，分级分类开展专业认证，以评促建，以评促改，以评促优，提升学校专业建设水平和人才培养质量，为服务“三高四新”战略提供技术技能人才支撑。

二、认证理念

认证坚持“学生中心、产出导向、持续改进、对标争优”，突出诊断改进功能，彰显湖湘特色。坚持学生中心，遵循高素质技术技能人才成长规律，以学生为中心配置教育教学资源、设置课程和实施教学；坚持产出导向，以学生的学习效果为导向，对照毕业生核心能力素质要求，评价专业人才培养质量；坚持持续改进，对专业教学进行全方位、全过程评价，并将评价结果应用于教学改进，推动专业人才培养质量的持续提升；坚持对标争优，利用专业点的核心竞争力数据，引导专业对标优秀，推动全省专业建设水平整体提升。

三、认证原则

1. 规范性原则。开发省级专业认证标准，构建科学有效的认证体系，做好认证整体规划，实施第三方认证，规范认证程序，确保认证过程的规范性。

2. 主体性原则。明确学校在专业建设方面的主体责任，引导学校开展专业自我评估，推动建立专业质量持续改进机制，提升专业质量保障能力。

3. 客观性原则。建立专业认证数据信息平台，充分利用与专业质量和专业核心竞争力相关的客观数据，通过大数据对专业建设质量进行分析，确保认证数据来源和认证结果的客观性。

四、认证标准

认证标准分为通用标准和专业补充标准。通用标准适用于所有专业；专业补充标准结合各专业发展建设及教育教学特殊要求制定，是通用标准的补充与具体化，只适用于某一具体专业。《湖南省高职学校专业认证标准（试行）》见附件。

五、认证体系

专业认证分三级实施。其中，第一级为“合格”认证，第二级为“良好”认证，第三级为“优秀”认证。

1. 第一级认证。以人才培养工作状态数据为依据，结合省级专业人才培养方案、专业技能抽查、毕业设计抽查等结果，对专业办学质量进行监测评价，促进专业教学质量达到合格标准要求。

2. 第二、三级认证。在第一级认证指标合格的基础上，重点以专业核心竞争力数据为依据，大数据分析全省各专业点的核心竞争力，对专业办学水平和内涵建设进行监测评价，以对标先进为目标，打造高水平专业质量标杆。

六、认证申请及受理条件

认证需由学校自愿提出申请。有一届以上毕业生的专业，方可申请第一级认证；有 3 届以上毕业生的专业，方可申请第二、三级认证。

七、认证组织实施

1. 成立湖南省高职专业认证委员会（以下简称认证委员会），由教育行政部门、职业学校、行业企业和研究机构等专家组成，负责规划、统筹、组织和协调全省职业教育专业认证工作。认证委员会秘书处设在湖南农业大学教育学院，负责咨询、指导与监督等日常管理工作，组织设立专业认证指导分会，组织研制认证标准及相关政策；负责组织实施认证工作，组织审议认证结论，受理认证结论异议申诉等。分专业大类设立专业认证指导分会，负责统筹开展本专业大类有关专业的认证工作。

2. 湖南省高职专业认证委员会发布专业认证实施办法，统筹协调、指导和监督认证工作。每年的 9 月至 10 月开展此项工作。

八、认证程序

认证程序包括申请与受理、开展认证、结果发布等环节。

1. 申请与受理。学校向认证委员会秘书处提交认证申请。认证委员会对受理条件进行审核。审核通过的专业，纳入年度认证计划。

2. 开展认证。认证委员会组织专家开展专业认证，出具认证报告，认证结果为“通过”和“不通过”，“通过”分“合格”“良好”“优秀”三级。

3. 结果发布。认证结果经报省教育厅备案后，以省教育厅的名义向社会发布认证通过的专业及等级。

九、认证结果使用

学校根据认证结果进行问题诊断、改进提升；教育行政部门将认证结果作为经费奖补、项目支持、综合评价的重要依据。

十、争议处理

学校如对认证结果有异议，可在收到认证结果后 30 个工作日内向认证委员会秘书处提出申诉，申诉应以学校公函形式提出，详细陈述理由，并提供相关佐证材料。逾期未提出异议，视为同意认证结果。

认证委员会受理申诉后，应及时开展调查，并在收到申诉的 60 个工作日内提出处理意见。

十一、认证纪律与监督

认证工作坚持公平、公正、公开的原则，实施“阳光认证”，并接受学校和社会的监督。

省教育厅通过阳光服务平台，接受对专业认证工作的问题反映和举报，并予以及时核实与查处相关问题。

附件：湖南省高职专业认证标准（试行）

附录2　湖南省高职专业认证标准（试行）

1. 总则

1.1　本标准适用于湖南省高等职业学校所开设的专业。

1.2　本标准提供专科培养层次的基本质量要求。

1.3　本标准由通用标准和专业大类补充标准组成。通用标准适用于所有专业；专业补充标准是通用标准的补充与具体化，只适用于某一专业。专业补充标准由各专业认证指导分会另行制定。

1.4　专业认证分三级实施，第一级为“合格”认证，第二级为“良好”认证，第三级为“优秀”认证。

2. 通用标准

2.1　培养方案

2.1.1　培养目标

依据国家有关规定、专业教学标准和教育教学相关标准，根据区域经济和产业发展对技术技能人才的需求，结合学校办学定位和服务面向，科学合理确定专业培养目标和规格，明确学生的知识、能力和素质要求。要落实立德树人根本任务，注重学用相长、知行合一，着力培养学生的思想品德、文化素养、创新精神和实践能力，增强学生的职业适应能力和可持续发展能力。

2.1.2　课程设置

课程设置要服务于专业培养目标，符合国家、省有关标准，能够支撑毕业要求达成，课程体系设计有企业或行业专家参与。体现通识教育和专业教育的有机结合，理论课程与实践课程、必修课与选修课设置合理。专业核心课程一般为6-8门，公共基础课程学时应当不少于总学时的1/4，选修课程学时数占总学时的比例均应当不少于 10%，实践性教学学时原则上占总学时数 50%以上。

2.1.3　课程内容

课程内容应根据职业教育国家教学标准要求，对接职业标准（规范）、职业技能等级标准等，优化课程体系和教学目标，拓展教学内容深度和广度，体现产业发展新趋势、新业态、新模式，体现专业升级和数字化改造。结合专业特点，做好课程思政的系统设计，有机融入劳动精神、工匠精神、劳模精神等育人新要求，实现润物无声的育人效果，促进学生德智体美劳全面发展。优化实践教学体系，实训教学内容应体现真实工作任务、项目及工作流程、过程等。

2.2　教学实施

2.2.1　课程资源

专业教学资源丰富，有专业教学资源库或一定数量在线课程。基本资源覆盖专业大部分基本知识点和技能点，拓展资源体现行业企业新技术、新工艺、新材料和新规范。资源类型丰富，文本类素材、图形（图像）类素材、音频类素材、视频类素材足够，有一定数量动画类素材和虚拟仿真类素材。纸质图书能满足学生学习、教师教学和科研所需，资源管理规范、共享程度高；专业课程应积极引入典型生产案例，使用新型活页式、工作手册式教材及配套的信息化学习资源。

2.2.2　课程教学

以促进学生成长成才为目标，依据专业人才培养方案和课程标准，根据教学内容，优化教学过程。针对不同生源分类施教、因材施教。合理运用平台、技术、方法和资源等组织教育教学，进行考核与评价。推广学生主体的课程教学模式，创新教学方法和手段，强化工学结合、理实一体，实施项目教学、案例教学、情境教学、模块化教学等行动导向教学。注重课程教学实效性，突出教学重点，有效破解教学难点，提高学生基于任务（项目）分析问题、解决问题的能力。推进教学评价改革，强化过程评价，探索增值评价，健全综合评价；运用大数据、人工智能等现代信息技术，开展课堂教学质量诊断与改进。

2.3　校企合作

2.3.1　合作机制

与行业领先企业在人才培养、技术创新、社会服务、就业创业、文化传承等方面深度合作，实现校企深度融合。把握全球产业发展、国内产业转型升级的新机遇，主动参与供需对接和流程再造，推动专业建设与产业发展相适应。

2.3.2 协同育人

学校在制订专业培养方案、课程标准工作中，应当主动吸收行业龙头企业深度参与。积极探索校企联合培养、双主体育人的中国特色学徒制。推行面向企业真实生产环境的任务式培养模式。吸引企业联合建设产业学院和企业工作室、实验室、创新基地、实践基地。

2.4 师资队伍

2.4.1 师资结构

具有满足本专业教学需要的教师数量和符合学校现状和可持续发展所需要的教师整体结构；专任教师数量、结构能够适应本专业教学和发展的需要，专业教师数量满足本专业教学需要，行业企业兼职教师数量充足，师生比不高于 1∶18（体育、艺术类专业不高于 1∶13，医学类专业不高于 1∶16）；专任专业教师师生比达到 1∶25 以上，双师素质比例不低于 50%。明确教学人员在专业质量提升过程中的责任。

2.4.2 素质能力

遵守高校教师职业道德规范，为人师表，言传身教；具有一定的课程设计与开发、课堂教学实施、教学反思与改进、信息技术应用等教育教学能力；具有完成本专业领域真实岗位工作任务的能力。以生为本、以学定教，能把握学生的学习成长需求，设计学生的知识能力素质发展路线，有效指导学生发展与职业规划，建设丰富的教学资源，不断创新教学方法与手段，引领学生自主学习。

2.4.3 成果产出

教师在高质量完成教学任务的基础上，应该从事一定的教育教学研究、应用技术开发和社会服务等工作，有较好的成果产出。

2.5 支持条件

2.5.1 教学经费

专业教学经费有保证，能满足教学需要。专业建设、生均教学日常运行、生均实践教学、教学设施设备和图书资料更新等经费有标准和预算。

2.5.2 教学设施

教育教学设施完备，教室、实验实训室、实习基地和相关设施在数量和功能上满足教学需要，管理规范。信息化教育设施能够支撑专业教学改革与学习模式变革。教育教学设施管理、维护、更新和共享机制顺畅，学生使用便捷，利用率高。有效整合校内外资源（含国际资源）用于教学。

2.6 质量保障

2.6.1 内部监控

建立专业内部质量保证体系、教学质量监控与评价机制并有效执行，运用信息技术对各主要教学环节质量实施监控与常态化评价，保障毕业要求达成。

2.6.2 外部评价

建立毕业生持续跟踪反馈机制以及行业企业、教育行政部门等利益相关方参与的多元社会评价机制，对培养目标的达成度进行定期评价。

2.7 学生发展

2.7.1 培养质量

学生能够践行社会主义核心价值观，德、智、体、美、劳全面发展，具有一定的科学文化水平，良好的人文素养、职业道德和创新意识，精益求精的工匠精神，掌握较为系统的基础理论知识和技术技能，具有一定的创新创业能力和较强的可持续发展能力。

2.7.2 就业能力

毕业生在就业市场具有较强竞争力；社会和用人单位对毕业生的评价较高；毕业生去向与本专业的培养目标基本吻合。

后　记

高职专业认证是近年来职业教育领域的新生事物。高等职业教育作为我国现代职业教育体系中的重要组成部分，改革开放后先后经历了地位确立、规模扩张、内涵发展到做优做强四个阶段。在当前职业教育高质量发展的语境下，一方面，从 2019 年开始实施的“双高”计划通过周期性建设，以优秀院校的“头雁引领”和专业群的“集聚示范”的双向构建，在职业教育体系上层形塑了高质量发展的图景和行动方略；另一方面，如何沉潜于人才培养的基层，通过认证的形式溯源专业人才培养过程与成效，形成具有共识性和公信力的普适性专业质量标准，是夯实高职院校高质量发展根基的底层向度。2020 年 9 月，教育部等九部门印发了《职业教育提质培优行动计划（2020—2023 年）》，明确提出的“探索高职专业认证”正是这一逻辑在政策层面的展现。

湖南省是省域层面先行试点高职专业认证的省份之一。2022 年，湖南省教育厅下文成立高职专业认证委员会，该委员会由高校、高职院校、教育科学研究机构和行业专家组成，秘书处设在湖南农业大学教育学院。“一体两翼”的现代职业教育体系布局决定了省级政府在职业教育管理上的主动权，同时也必然伴随着对探索如何构建扎根省域、适配与支撑地方产业体系、服务经济社会发展需求、人才培养符合技术技能人才成长规律的职业教育体系的创新与挑战。认证委员会的成立既是湖南省在职业教育质量评价体系上的探索性创新，也是在管办评分离的现代政府治理理念下政府让渡权力，以第三方机构相对独立、客观的规范化评价为政府、学校、家长、学生、行业企业及其他利益相关者提供决策和行动的信息与依据的职业教育治理方式的转变。

2022 年 5 月，在召开湖南省高职专业认证委员会成立大会后，秘书处开始着手四个方面的准备工作：一是在研读文献和比较借鉴国际经验的基础上，深入剖析国内相对成熟的工程教育认证、师范类专业认证和临床医学专业认证，明晰高职专业认证的基本思路；二是系统梳理湖南省高职院校的办学基本状况、专业群和专业发展现状，以及与行业产业适配性的数据与资料，找准湖南省高职专业认证的落脚点和省域特色；三是围绕认证标准、认证程序、高职院校专业建设的过程性环节、关键性节点、问题与成效在省内外进行了大量调研，建构高职专业认证的基本框架；四是在咨询专家建议、充分听取高职院校一线教师意见的基础上，开发认证数据库，建立可操作的认证数据平台以及微信公众号。经过近一年的前期准备，2023 年下半年认证委员会开始以湖南省高职院校专业布点最多的电子商务专业为试点，开展首轮专业认证工作。从院校自主申报认证开始，历经材料核查、数据清理、更正与核准、专家进场考察、形成结论意见、意见反馈、认证院校专业持续改进的跟踪，秘书处以高度的责任心和严谨的工作态度尽力做好每个环节的工作，力求为高职专业认证工作的探索性尝试提供省域的创新经验与模式。

本书既是对我们开展的认证工作的总结，也凝聚了我们对现代职业教育体系建设和高职专业发展的思考。高职专业认证作为一项新生事物，既要有学理上的廓清，更要有事理上体系脉络的可操作、可认可，其实施过程可谓如履薄冰、小心谨慎。幸运的是，这项工作在各方面的支持、帮助、关心与指导下，得以顺利推进。感谢湖南省教育厅的信任与指导！王仁祥厅长对职业教育有高屋建瓴的深入洞见与理解，职成处的崔书芳、彭文科、殷邵、王宇等对认证工作的每个重要环节都提供了切实可行的帮助并给出了有效的建议，使认证工作嵌入湖南省高职专业发展的整个体系，推动了湖南省职业教育质量的整体提升。在湖南省教育投入在全国不占优势的境况下，他们对职业教育的系统谋划、务实的工作作风与真抓实干的行动能力，开创出职业教育居于全国领先方阵的耀眼局面。

感谢湖南省各高职院校对认证工作的支持！从认证的筹备、前期调研、问卷调查和深入访谈，各高职院校都充分肯定认证工作对专业建设的意义，并根据秘书处的要求认真组织、安排和响应。尤其是 27 所参与电子商务专业认证的试点院校，无论是学校领导、职能处室还是基层专业教学组织的老师，不仅在认证工作中认真配合，而且提出了若干具体的建议。这是高职专业认证工作得以有效推进的强有力的基石。